丛书主编／乔 力 丁少伦

WENHUAZHONGGUO YONGHENGDEHUATI

文 济南出版社 化 永恒的话题 中 (第四辑) 国

李白
梦里游客竟未归

屈小强 / 著

总 序

乔力 丁少伦

　　如果仅只一般意义上的泛泛之言，那么，文化，特别是较偏注于精神层面的历史—文化类，便容易生出些与现实中社会经济发展进程相疏离的印象，以致它们那份作为生命价值衡定和终极追求的根基，或者伴随原生点所特具的恒久坚持品格，就往往被世俗间浮躁浅陋的表层感觉相遮蔽误读。其实，庄子早就在尊崇着"无用之大用"的绝佳境界，而海德格尔（Heidegger）从另外的角度着眼，也曾经说过"语言是存在的家园"的话头；如此看来，这种类型的人文—文化，很有可能会筑构起人类世界的精神家园，是极力追逐着速效与实用的现代人那匆促焦灼的人生之旅中的一片绿荫，是抚慰芸芸众生的缕缕清凉气息……

也许，简单推引东西方先贤高哲的理论来作譬喻依归，或许强赋它们以过度严肃严重的功能，将使之疲于担当；而新文学家朱自清《经典常谈》里的观点则是颇有意思的参照："在中等以上的教育里，经典训练应该是一个必要的项目。经典训练的价值不在实用，而在文化。有一位外国教授说过，阅读经典的用处，就在教人见识经典一番。这是很明达的议论。"此言诚不虚也！佐之以别样异类的眼光，则使我们更多元、更宽阔地领略体会到这"一番"：那种智慧的激荡、视野的开张，所带给人心灵的愉悦舒畅。

所以，长时间以来，读书界似乎总在期望着能够以广阔的大文化视野去引领统摄，凭借知识门类的交叉综融而打通人为壁垒的割裂，借助畅达明朗消解枯涩僻奥，既有机随缘地化合学术于趣味之中，又仍然坚守高品味格调的那一种境界——也正是基于上述考量，从我们擘画构想大型丛书系列《文化中国》初始，便明晰了相关选题取向定位和通体思路走向，即"兼纳文史，综融古今"的开放性观照角度与充溢着现代发现目光的"话题"式结构形态；而二端皆出之以寓深以浅、将熟作新的"文化解读型"的活泼清新的叙述风格，是谓异质同构。若申言之，则兼纳综融者成就其框架，设定了特具的内容实体，解读者则属它那有机的贯通连接的具象方式、形态。故此，于遵循一般性历史史实文献叙述规则的同时，还须得特别注重大众可读性，凸显文字的充分文学性趋势。

顺便说明的是，总体上应该变换已经凝滞固型的惯常思维模式，而移果就因、将反换正，另由逆向方面重新审查中国社会历史中既然的现象、人物、事件，有可能寻找、开启别一扇不被熟知的门扉。那里面或许藏蕴了无限风光不尽胜境，等待被发现、辨识尚

未迸发出的生命热情与现代活力，给予现在意义上的形态描述和价值评断。新月派诗人闻一多说："一般人爱说唐诗，我却要说'诗唐'——懂得诗的唐朝，才能欣赏唐朝的诗。"借鉴这种自我作古的论辩意味，我们引申出关于"文化"的终极关怀，充分确认了自己的独立研究发端和把握范畴，明晓这并非单纯的中国文学史、哲学史、政治史，或者相关历史、宗教、审美、教化等等所拼接装合的读本。

至于《文化中国》丛书之第一系列《永恒的话题》，我们则不曾有过任何张皇幽眇、搜剔梳罗早已被岁月尘埃埋没的碎琐资料、荒僻遗存以自诩自足的计划：我们之所多为注目留心者，只是那类于漫长的社会历史—文化演进行程中，曾经产生过推动、催变或滞碍、损毁等诸般巨大作用，拥有广泛、深刻的影响力，又为普世民众感兴趣，每每引作谈资以伴晨夕诵读、茶余饭后的"话题"。无论对其揄扬臧否，这里面都应当含蕴包纳了可供人们纵横反复地探讨评骘、上下考量的丰繁内容，能够重新激荡起心灵波纹的感应——这些即是我们选择的参照系，对于"永恒"的理解和定义。

依前所述，虽然本系列关注的重点在于社会历史运动进程中，那些起到支配主导作用的部分，阐释多种文化现象里的主流内容，力求明晰描绘出那些关键环节与最璀璨绚丽的亮色；但不应忽略的是，造成这些"话题"演变的原因、结果往往是多义性的，其运程经过更可能呈现出多元化的展露、一种异常纷杂繁复的构成形态，而极少见到的是那严格意义上的唯一性。故而，与其强调它们的关系属于决定论，倒不如主张为概率式的，才更切合实际，也更需要一种远距离、长时间的"大历史"理念和宽视界、全方位的"大文

化"框架去作重新检讨。两者其实是互补而相辅相成的。如果将这个方法提升成范式，则很可能显示出同以往传统惯常的观点、结论并不总是趋同的独到之处。这也是我们所希望得到的东西。

以上已明了《文化中国：永恒的话题》丛书系列的缘起和总体立意命思，随后就它们的具体撰写旨趣与大致结构特点略予说明。

首先是关于丛书的。本系列要求必以全面、凿实的史料文献作为立言根基，却主张采取清畅流丽而富于文采意趣的散文体笔调去表述，以实现对诸"话题"的多元考量与文化透视。也就是说，意味着从文化的特定视角来重新解读，并非简单、直接地面对某些重大社会历史文化的主题；而给出的现代反思和阐释，也折射、反映着一定的时代文化精神。从这里出发，我们尽管极力求取更多的知识信息含量，但却不是一般化的知识读物；虽然以深厚谨严的学术品格做前提，但非同那种纯粹的学院派学术论著。我们力推有趣味的可读性，却绝对排斥、摒弃那种纯为娱乐而违背史实随意杜撰编排的"戏说"故事；强调现代发现和个人创见，又拒绝只求新异别调的无根游言及华而不实的浮夸笔墨。总归一句话，丛书所要的只是浓郁的文化观照、历史反思和新见卓识，即新的观点、视角和表述方式方法。

后者是关于本系列的。本次的5种为其第4辑。如果依然采用以类相从取所近者而归纳于同一范畴的方式的话，则这5种可是本系列已经出版过的数十种里未曾有过的类型，这反倒与另一个系列《边缘话题》的第3辑相似，皆属于"纯文学性"的题材。只不过那些都是作品，以对中国古典戏曲巅峰制作的5种文本（元人《西厢记》，明人《琵琶记》、《牡丹亭》，清人《长生殿》、《桃花扇》）

来展开叙说述评，敷衍成书；而本系列的 5 种则通为作家了——他们无不是高高矗立在中国文学史极顶上的人物，贯穿着开端到结尾，永远标志了那几千年漫长岁月里所可能臻达的辉煌。

顺便提一下，运作本辑的动念竟有点偶然：因着当代小说家莫言获诺贝尔文学奖事，国人生发出浓郁的"诺奖情结"，热议：设若也为中国古代文学家立项的话，那么谁能够得此殊荣？迭经作家学者们讨论、网友几番票选，百余名有幸获提名者中最居前端的便是本辑的 5 位：真可谓众望昭昭，实至名归。下面就依照其所处时代的顺序先后，列出虚拟颁奖辞，并略缀数语为之说明补充。

《屈原：乡土元音奏典范》："处身于黑暗无序的政治环境里，他却孤独地坚守光明有序。他将极具个性化的楚风楚调之蛮荒神秘转化成为纯美绚丽的艺术世界，虽与中原先民的群体歌唱情韵殊异，然皆为华夏文学文化的源头和经典。"

屈原是战国末期的楚贵族，曾参与过政治最高层，然终遭贬黜斥逐，国家也走向了彻底衰败。作为中国历史上的第一位纯文学作家，他是浪漫的诗人。不过，这种浪漫不重在意志与渴念，也不讲排弃原则的反讽，而是以人为本，张扬人的灵性，将人格与自然的两美蕴含在一起，主客融化，物我成一体，构建起独特的审美形式。屈原之浪漫，每以飞翔的想象、不竭的动力作为外在表现，而内在则支撑充盈以他那独特的理想人格，才铸就了他的精神境界：卓伟高洁，痛快淋漓。

《李白：梦里游客竟未归》："一个终生'在路上'而无所归属的追梦者。由于他气骨高举、豪迈不羁的诗歌所创造出的非凡艺术力量，在不适合幻想的人世里，诠释证明了人格自由和人的价值。"

他名播四海，但生命中却从未得有真正深度介入现实政治的机会，终究以一介平民身份弃世。可他心头总是装着许许多多的梦想，如求道寻仙之梦，任侠仗义之梦，出将入相之梦，拥抱自由之梦……而实际上，李白的这些梦想，并未圆满筑构成，也断难筑圆。不过，他仍然不断地为践行理想奔走，努力探寻他那个世界，给盛唐天空镶嵌上熠熠闪光的星星。就像古代神话中的夸父逐日——夸父尽管"道渴而死"，未能达到目的，但他所留下的手杖，业已化作绚烂如火般热情的桃花林：这便是永远青春盛开的李白，真乃太白金星之精魄也！

《杜甫：儒风侠骨铸真情》："等到身后才被历史发现、认同，尊奉为'诗圣'，享千秋盛誉。他将家国民生之深思大忧融进诗歌，又将诗歌注入生命深处，变移了古典诗风走向，尝试并构建起人工胜天然的新美学范式，遂挈领后世诗坛潮流。"

他总是揣着满满的儒者情怀，忧国忧民，也曾几度任职于朝廷和地方政府，危难时刻仍坚守理想；同时又受到洋溢了青春精神、生命活力的盛唐气象与任侠之风的熏染影响，思想作风时常迸射出侠义光芒。而这些，都根基于他的一片真情、"民胞物与"的大爱情怀。故无论"伤时挠弱，情不忘君"，或者对人间亲友、自然万物，"杜甫是当得起'情圣'这一封号的"。所有种种诸般，都活现在他为之付出毕生心血、直相伴到人生途程之最后的诗歌里，乃至成就为历史的永恒："善陈时事，律切精深，至千言不少衰，世号'诗史'。"或许，杜甫是幸运的，生当这个数千年难得一遇的、国家盛衰转换的关键；他也是无愧的，圆满完成了自己的诗人使命。

《苏轼：率性本真总不移》："尽管多历跌宕忧患，他仍笑对人

生，将儒、释、道综总融作高远旷达。作为不世出的天才全才，他标志着被视为中国历史上最高度发达成熟的那个文化时代的辉煌。"

苏轼本着以儒济世报国、以道处世为人、以佛治心养气的理念，综融贯通了儒、释、道三教，进而给自己的人生和事业打下"外儒内释"的深深印痕。他才华横溢，学识渊博，极富创造力而成就卓绝不凡。他虽广泛涉猎于文学艺术乃及文化的诸领域，然多能自成一家，"别开生面，成一代之大观"。这也与那个在开明宽松的国家政策和稳定和平的社会环境下，思想文化呈现出历代罕见的大繁荣，造就了发展鼎盛期的时代背景所应合，遂得成巍巍高峰。苏轼的文艺创作崇尚自然，主张创新，别立标格，注重自由写"意"与真实情感的抒发。无论在朝为帝王师抑或出任地方牧守，甚至是屡遭斥逐的艰窘岁月，他都每每以率性本真之面目待人处世，不改其超迈清旷、高绝俗浊之气。

《曹雪芹：从忆念到永恒》："繁华旧梦已化灰，他据之创造出经典的艺术大厦。这是由于他对真理的热情和探索，对思想的贯通能力，对社会的广阔观察，以及他在一部作品中辩解并阐述那种理想主义的人生哲学时，所表现出来的坚执与热忱。"

他一生只写了这一部小说，自称是"自怜幽独，伤心人别有怀抱"之作，藉以表达对宇宙、人生和社会、历史的探讨，散发出悲天悯人的巨大思想精神力量——曹雪芹和《红楼梦》已经紧密地融化为一体。准确说来，《红楼梦》是曹雪芹以自己的亲身经历、见闻为基础，通过典型塑造、虚构提高等诸多艺术加工所成的，带有浓厚自传色彩的稀世杰作。在其间，关于失败贵族青年痛恨前非的忏悔，对忆念想象中曾闻见的优秀女性那瑰丽形象与超群智慧，以

及精湛广博的中国文化的表现，都在曹雪芹笔下被赋予了永远的生命活力。

　　总括言之，《文化中国：永恒的话题》强调"可操作性和持续发展的张力"，即足够的灵活性和巨大的包容性。作为一个长期的品牌选题，视具体情况，分为若干辑陆续推出，以期完成对"文化中国"的重大历史—社会文化主题的另样解读，自然希望能得到更多读者朋友的关注。倘蒙你们慨然指出不足谬误之处，相互切磋商酌，那便是传递出一份浓浓的友情，而我们的欢迎和感念之情，当是不言自明的。

2014 年季冬之月于济南

目　录

第一章

一生好入名山游

——求道寻仙之梦

身世之谜/从"五岁诵六甲"到"十五游神仙"/做仙人的惬意/倾家事金鼎/寄情于山水的大唐第一行者

一、从西域一路走来

唐朝是诗的天空。这个大空雄阔浩瀚，星光璀璨，其中最明亮的一颗星是字称"太白"、号"青莲居士"的李白（701～762年）。李白的族叔李阳冰《草堂集序》说，李白的母亲临盆前的那个夜晚，忽然梦见长庚星，故而在生下儿子后，给他命名为"白"，字则为"太白"。长庚星就是太白星。我国古代把金星（太阳系各大行星中离地球最近的一颗）叫做太白星，早晨出现在东方时叫启

李白画像（选自明弘治刻《历代古人像赞》）

明，晚上出现在西方时叫长庚。西方在五行中属土，色白。

那么，李白出生在哪儿呢？千百年来这一直被认为是个难解之谜，众说纷纭，闹得不可开交。

其实，与李白同时代的两位唐人早就解决了这个问题。一位是距李白逝世仅 55 年的范传正于唐宪宗元和十二年（817 年）撰写的《唐左拾遗翰林学士李公新墓碑并序》，其曰：

> 公名白，字太白，其先陇西成纪人。绝嗣之家，难求谱牒。公之孙女搜于箱箧中，得公之亡子伯禽手疏十数行，纸坏字缺，不能详备。约而计之，凉武昭王九代孙也。隋末多难，一房被窜于碎叶。流离散落，隐易姓名。

另一位就是前述李阳冰在《草堂集序》里说：

> 李白字太白，陇西成纪人，凉武昭王暠九世孙。……中叶非罪，谪居条支，易姓与名。……神龙之始，逃归于蜀，复指李树而生伯阳。

李阳冰的这篇序比范传正的还早，几乎就在李白逝世的当年。其时在唐代宗宝应元年（762 年）冬，李白在安徽当涂病卧于床，生命垂危之际，将诗文稿托付于时任当涂县令的李阳冰，请他结集作序。序中家世生平，应据李白口述而成。而范传正是李白好友范伦之子，时任宣歙池等州观察使（治今安徽宣州）。他以当地最高

行政长官的名义前往当涂访问李白遗迹，看望李白的两个孙女，目睹到李白儿子伯禽关于李氏世系的残缺记录，据此而作《李公新墓碑并序》。两篇序文的可信度自当不容怀疑。它们都清楚地将李白的出生地指向中亚碎叶，即今天吉尔吉斯斯坦共和国北部、靠哈萨克斯坦共和国的托克马克地区。

对这两篇序文，郭沫若先生认为，一是交待了李白的籍贯——陇西成纪人，二是指明了李白的出生地——中亚碎叶，三是说明了李白的家世——祖上是西凉建立者李暠。不过，唐代有两处碎叶，其一为中亚碎叶，其二是焉耆碎叶。郭沫若考证说："焉耆碎叶，其城为王方翼所筑，筑于高宗调露元年（679 年）。《碑文》既标明'隋末'，可见李白的生地是中亚碎叶，而非焉耆碎叶。"① 郭沫若先生关于李白出生中亚碎叶之说影响很大，权威的工具书，如新版《辞海》《辞源》均采此说。

有学者根据李阳冰序文中"谪居条支"一说，提出李白出生在条支。郭沫若并不回避"条支"的说法。他还注意到李白《上安州裴长史书》中有这样的叙述："白本家金陵，世为右姓，遭沮渠蒙逊难，奔流咸秦，因官寓家。"按理，碎叶、条支、咸秦应是三个地方，但郭沫若先生却有他自己的见解："条支是一个区域更广的大专名，碎叶是一个城镇的小专名，碎叶是属于条支的。……（唐代）条支都督府所辖地即今苏联境内的吉尔吉斯和哈萨克一带，是毫无疑问的。"郭沫若还认定："咸秦"当系"碎叶"之讹。②

① 郭沫若：《李白与杜甫》，人民文学出版社 1971 年版，第 3 页。
② 郭沫若：《李白与杜甫》，人民文学出版社 1971 年版，第 5～7 页。

对于李白是凉武昭王李暠之后的说法，郭沫若先生认为不足为信。其一，李白自己在其诗歌里虽也有所涉及，却往往自相矛盾，游移不定。①

其二，当时唐廷宗正寺属籍，未录有李白；也就是说，李唐宗室不承认李白这门亲戚。（唐高祖李渊是李暠的七世孙，唐玄宗李隆基是十一世孙；倘按李白的说法，李隆基还晚李白两辈呢!）②

其三，"所谓李暠九世孙之说，看来是李白本人或其先人所捏造，目的就是在抬高自己的门第。"③

陈寅恪先生则根据前引《李公新墓碑并序》和《草堂集序》，在《李太白氏族之疑问》一文里，提出李白不是汉人，而是西域胡人，"入中国后方改姓李"。陈先生写道：

> 夫以一元非汉姓之家，忽来从西域，自称其先世于隋末由中国谪居于突厥旧疆之内，实为一必不可能之事。则其人本为西域胡人，绝无疑义矣。④

与此相应，胡怀琛则认为李白先世本为中国人，为突厥所掠，乃是突厥化了的中国人。⑤ 幽谷也支持此说，认为李白是"从碎叶家庭中出来的"。⑥ 这大概是李白"西域胡人"说的最早提出。

对此，郭沫若先生在《李白与杜甫》一书中，从李白能迅速而

---

① 郭沫若：《李白与杜甫》，人民文学出版社 1971 年版，第 16～17 页。

② 郭沫若：《李白与杜甫》，人民文学出版社 1971 年版，第 15 页、17 页。

③ 郭沫若：《李白与杜甫》，人民文学出版社 1971 年版，第 18 页。

④ 陈寅恪：《李太白氏族之疑问》，载《清华学报》第 10 卷第 1 期，1935 年 1 月。

⑤ 参见胡怀琛：《李太白的国籍问题》，载《逸经》1936 年第 1 期；胡怀琛：《李太白通突厥文及其他》，载《逸经》1936 年第 11 期。

⑥ 幽谷：《李太白——中国人乎？突厥人乎？》，载《逸经》1936 年第 17 期。

深入地掌握汉文化以及李白诗歌对胡人的描述、品评，认为"李白肯定是汉人，而决不是'西域胡人'"。①

蒋志先生在《绵阳师专学报》1992年第2期上发表《李白家世诸说评议》一文，赞同郭沫若之说，还作了几点补充：

其一，李白自己说他是汉人而且与许多李唐宗室认亲，若他真是胡人，根本无法与李姓族人称兄道弟。唐代是个开放的时代，李白没有必要隐瞒其族属。

其二，凡是与李白过从亲密的人，都没有露出李白是"西域胡人"的丝毫迹象。

其三，从李白的生活习惯也看不出他是胡人。尽管李白先世在西域生活过相当长时间，却不能以此证明他就是胡人。

其四，五代前蜀的李珣本波斯商人，因关中战乱而来中国，他在中国其生意、其诗作都很有名气，但他并未隐瞒国籍。

还须说明的是，明、清以来直至当代，也有不少学者（如杨慎、王琦、黄锡圭、戚维翰、王伯祥、安旗、胥树人、裴斐）提出李白出生在蜀地，他应当是土生土长的蜀人。其根据也是范传正《李公新墓碑并序》以及同属唐人的魏颢《李翰林集序》。《李公新墓碑并序》在前引李白先祖"流离散落，隐易姓名"之后，写道：

> 故自国朝以来，编于属籍。神龙初，潜还广汉，因侨为郡人。父客，以逋其邑，遂以客为名。……公之生也，先府君指天枝以复姓。

魏颢则在《李翰林集序》写道：

---

① 郭沫若：《李白与杜甫》，人民文学出版社1971年版，第14页。

蜀之人无闻则已，闻则杰出。是生相如、君平、王褒、扬雄，降有陈子昂、李白，皆五百年矣。白本陇西，乃放形，因家于绵。身既生蜀，则江山英秀。

其实，范传正序的那段"先府君指天枝以复姓"之说与前引李阳冰《草堂集序》"神龙之始，逃归于蜀，复指李树而生伯阳"一段乃大同小异。对此，郭沫若先生有自己的读法，他写道：

伯阳即老聃李耳，相传李耳分娩后，被他的母亲指李树以为姓。这儿的一句话着重在一个"复"字，就是说恢复了原姓。①

周勋初先生则在《李白评传》一书里以李白亲笔之文并结合范传正序否定了魏颢"李白生蜀"说。他指出：

李白《为宋中丞自荐表》云："臣伏见翰林供奉李白，年五十有七。"此表作于肃宗至德二载（757），以此上推，可知李白应当生于武后大足元年，亦即长安元年（701），此时下距中宗神龙元年（705），已有四年之久，则是其父携家自西域到蜀中，李白已年五岁。这也就是说，李白应当生于西域。②

李白虽不是胡人，却出生于胡地的碎叶，入蜀之时，已是 5 岁孩童了。他天资聪慧，对雄奇浑莽的西域大地刻骨铭心，怀有深厚的感情。他后来的不少诗篇，都在遥望他儿时的故地，缅怀胡地的壮丽风情。其中最具代表性的是《横吹曲辞·关山月》：

明月出天山，苍茫云海间。

---

① 郭沫若：《李白与杜甫》，人民文学出版社 1971 年版，第 4 页注。
② 周勋初：《李白评传》，南京大学出版社 2005 年版，第 20 页。

长风几万里，吹度玉门关。

汉下白登道，胡窥青海湾。

由来征战地，不见有人还。

戍客望边色，思归多苦颜。

高楼当此夜，叹息未应闲。

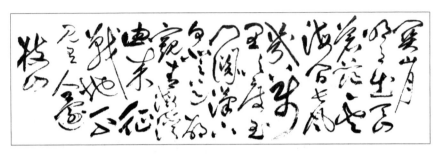

明·祝允明书《关山月》

宋人郭茂倩编的《乐府诗集》卷二十一《横吹曲辞一》交代《横吹曲》由来说："其始亦谓之鼓吹，马上奏之，盖军中之乐也。北狄诸国，皆马上作乐，故自汉以来，北狄乐总归鼓吹署。……《晋书·乐志》曰：'横吹有鼓角，又有胡角。……李延年因胡曲更造新声二十八解，乘舆以为武乐，后汉以给边将，和帝时万人将军得用之。魏、晋以来，二十八解不复具存，而世所用者有《黄鹄》等十曲。'其辞后亡。又有《关山月》等八曲，后世之所加也。"李白这首《关山月》将他记忆中的长风、明月、天山、玉门关等万里西域风光尽收眼底而细细咀嚼、回味，略带忧郁的思乡之情溢于言表。但是，他的胸襟却是开阔的，气宇轩昂，歌声豪迈而又宁静致远。所以，他的这首描写胡地故土的诗，千百年来不知牵动了多少有着胡地情结、边塞情结的游子、健儿的心绪！明人胡应麟在其《诗薮》里称它"浑雄之中，多少闲雅"，确为的见。从西域一路走

来的李白《关山月》的意义，在当代学者杨义先生那里还得到进一步的揭示：

> 李白《关山月》是以胡地声情震荡人心的。李白西北胡地的气息和南方长江流域的素质改造了盛唐文化，开拓了盛唐诗风，从而成为中国诗史上永远令人神往又难以企及的典型。[①]

二、蜀国多仙山

唐中宗神龙元年（705年），5岁的李白跟随父亲李客风餐露宿，涉流沙，渡黄河，翻秦岭，攀栈道，万里辗转，最终抵达剑南道绵州昌隆县的青廉乡定居。唐玄宗先天元年（712年）八月，28岁的李隆基正式即位。为避新皇名讳，昌隆县改名为昌明县，治所就在今江油市彰明镇一带。李白居家的青廉乡在彰明西南方向，距今天的江油市区15公里，为涪江及其支流盘江所怀抱。青廉乡后来改名为青莲乡、青莲镇，乃因李白自号"青莲居士"的缘故。李白不仅崇道，骨子里亦深受传统儒家文化的熏陶，且与佛教、纵横家关系极深。他的自号，似应受到佛教的影响。清人王琦《李太白年谱》释青莲道："青莲花出西竺，梵语谓之优钵罗花，清净香洁，不染纤尘，太白自号疑取此义。"

李白在蜀地生活近20年之久，直至开元十三年（725年）25岁时才经三峡出蜀。因此李白一直视自己为蜀人，并为此而自豪。他在《上安州裴长史书》里说："见乡人相如大夸云梦之事，云有

---

① 杨义：《文学地理学会通》，中国社会科学出版社2013年版，第111~112页。

七泽，遂来观焉。"这是很自然地将汉代的蜀郡成都人、大辞赋家司马相如当做同乡。

《上安州裴长史书》是李白于唐玄宗开元十八年（730 年）

郭沫若题江油李白纪念馆馆名（匾额）

写就的，其中讲自己"少长江汉，五岁诵六甲，十岁观百家，轩辕以来，颇得闻矣"。这里的江汉，指长江、汉水（嘉陵江），指代当时的巴蜀地区，"少长江汉"就是"少长巴蜀"。此段最重要的一句是"五岁诵六甲"。六甲本指甲子、甲戌、甲申、甲午、甲辰、甲寅，又谓道教方术之书，《道藏》中有《上清琼宫灵飞六甲左右上符》神符之书。至于轩辕，也是道家所托，即所谓黄老。李白在《赠张相镐二首》其一里，还说自己"十五观奇书"。奇书，也应该是道书之类吧？正经的儒家典籍不能视为奇书。由此看来，李白自他踏上巴蜀大地起，就已开始学习道书，涉足道教了。他后来的许多诗文，都以老庄之理作申言，信手拈来，相当熟稔。如他于开元十五年（727 年）在安陆（在今湖北）所作《代寿山答孟少府移文书》便数举《老子》《庄子》名言而化为己说，毫无硬滞，运用自如。

巴蜀是一块充满神秘吊诡的土地，最初的道教——五斗米道（或称鬼道、米巫）就在这块土地上酝酿、生成。这里自上古以来就弥漫着巫鬼之风，为东汉道教的萌芽埋下了种子，也为唐人李白的求道寻仙聚结了千年的仙气。李白的家乡绵州处于蜀地北部，靠近岷山—岷江河谷。这里是古蜀先民的圣地，也可以说是古蜀文明

的一个发祥地。难怪位于成都平原的三星堆遗址的蜀人墓葬一律朝西北30°~40°方向成坑，这应当是古羌蜀人灵魂不死而溯迁徙路线返归故里观念的表现。东晋常璩写的《华阳国志》卷三《蜀志》说在"两山对如阙"叫做天彭阙的地方恍惚看见有许多鬼魂精灵络绎不绝地从成都平原方向经过这里，去到岷山深处。据说是西汉成都人扬雄写的《蜀王本纪》也提到过天彭阙鬼魂过往的情况。这说明，在古羌—蜀人的认识里，湔氐县天彭阙（又称天彭门）是他们从人间返归天国的通口，是"送魂"的关口。

向达先生说，天师道（即五斗米道）的祖师张道陵学道于西蜀鹤鸣山，这里属岷江流域，是氐、羌族常年必经与活动之处。所以他"疑心张道陵在鹤鸣山学道，所学的道即是氐、羌族的宗教信仰"；"天师道的思想原出于氐、羌族"①。而500年后李白在岷山之阳从逸人东岩子隐居数年，"养高忘机"，就有可能是在学道——这种原本属于氐、羌信仰的具有浓郁羌—蜀巫鬼气息的道教。

李白在《上安州裴长史书》中说：

> 又昔与逸人东岩子隐于岷山之阳。白巢居数年，不迹城市，养奇禽千计，呼皆就掌取食，了无惊猜。广汉太守闻而异之，诣庐亲睹，因举二人以有道，并不起。此则白养高忘机不屈之迹也。

"岷山之阳"指李白家乡青莲乡西北的匡山，又名戴天山。这里周秦时亦是氐、羌频繁出入的地域，汉属刚氐道，山青水秀，林

---

① 向达：《南诏史略论》，《唐代长安与西域文明》，三联书店1957年版，第175页。

壑幽深，既是学道的好去处，也是读书的优选之地。当地老百姓称它为"读书台"，说是青少年时期的李白常居此处读书有十年之久。相传匡山夜里每每有光影摇曳，当地老者便指点

李白匡山读书处（四川江油）

着说："那是李白在秉烛读书呢！"

老百姓的传说或许不假，不过按李白在《上安州裴长史书》里的自述，他主要读的该是道书——当然也不排斥会读些道书之外的儒典、佛经等。李白所说的隐士东岩子的真实姓名如何，无从得知；或可将其归入道家人物。道家的祖师爷之一庄子（被道教奉为南华真人）就提倡回归自然，到山林去，"同与禽兽居，族与万物并"（《庄子·马蹄》），按自然天性自由自在生活，返璞归真，成为真人，也就是神仙了。这也是李白"养高忘机"的旨趣所在。

李白在唐玄宗天宝十三载（754年）所作《赠黄山胡公求白鹇》的诗序中亦有与上述《上安州裴长史书》中的那段话相似的词句：

> 闻黄山胡公有双白鹇，盖是家鸡所伏，自小驯狎，了无惊猜，以其名呼之，皆就掌取食。

两段话讲的都是一个状态："同与禽兽居，族与万物并"（人与禽兽住在一起，人群与万物浑然不分）。这是庄子设想的"至德之世"，也是李白所追求的理想梦境。当时李白看中了黄山胡公的一

对白鹇，便写诗表达爱怜之意，愿以一双白璧来交换它们："我愿得此鸟，玩之坐碧山。"明人朱谏在《李诗选注》中道出了李白索求白鹇的潜台词："愿得此鸟，坐玩碧山，相与悠然，出尘忘世，是吾之志也。"

南朝梁萧子显撰的《南齐书·高逸列传》有段记载，讲述萧齐永明时期（483～493年）的一位蔡姓会稽人在山中养鼠数十只，与之为友，"呼来即来，遣去便去，言语狂易，时谓之'谪仙'，不知其终。"匡山学道时期的李白，大致也是如此情形，是"在向神仙方向发展了"。①

李白学道是认真的，很虔诚，也很辛苦（他在《游太山六首》其四里说自己曾"清斋三千日，裂素写道经"），但却乐此不疲。匡山（戴天山）道士既是隐者，与禽兽为伍，则会像禽兽一样行影不定，来去无踪。大约在唐玄宗开元七年（719年），李白19岁时，屡访某道士（不知是不是东岩子）不得，遂写下《访戴天山道士》一首以自嘲：

> 犬吠水声中，桃花带露水。
>
> 树深时见鹿，溪午不闻钟。
>
> 野竹分青霭，飞泉挂碧峰。
>
> 无人知所去，愁倚两三松。

《李诗直解》（清乾隆时刻印，编者不明）卷五解说是诗云："山境之奇致如此，今羽士只在此山中，但云深不知所在耳。今我徘徊不遇，愁倚两三松，亦无聊之极矣。"但无聊中的学道者李白

---

① 周勋初：《李白评传》，南京大学出版社2005年版，第61页。

却得以以闲适的心境去重新认识眼前的大自然——他心目中的仙山，仅寥寥几笔，便将匡山的犬吠、水声、深树、青霭以及带露桃花、林中小鹿、碧峰飞泉与野竹、两三松等这些老庄自然主义的，属于"小国寡民"或"至德之世"的景致，展现得可闻可见，如画如梦。

蜀地道家之气甚重，崇山峻岭间多道观羽士，令李白目不暇给而引以为骄傲并自美曰："蜀国多仙山。"（《登峨眉山》）他在天宝九载（750年）所作《题嵩山逸人元丹丘山居》诗里开篇就写道：

> 家本紫云山，道风未沦落。
>
> 况怀丹丘志，冲赏归寂寞。
>
> ……

按王琦《李太白集辑注》里的解释，紫云山在匡山之南，在昌隆县西南40里处。那里峰峦环秀，古木葱笼，常有紫气盘礴于上。山里有仙人青龙洞、露香台、白云洞、帝舜洞、桃溪源、天生桥等仙人驻地，"有道宫建其中，名崇仙观。观中有黄箓宝宫"。李白对紫云山自是深怀朝圣敬意，不时造访道宫，混迹于诸道士中。他所谓的"丹丘志"乃求仙学道之志。丹丘，为上古神话中的羽人结集之地。李白友人元丹丘（即元林宗）即以此为名。

昌隆县境的窦圌山也是李白学道之地。此处有三峰突兀云天，甚是巍峨。唐末五代道士杜光庭《录异记》记为三石笋，"石笋如圌（通团，圆形）"，"其顶有天尊古宫"，乃"真人窦子明修道之所也"。宋人祝穆《方舆胜览》卷五十四"绵州"条则说："李白《题窦圌山》诗：'愿随子明去，炼火烧金丹。'窦子明名圌，隐此山，故名。"须知天尊古宫乃壁立于绝峰之巅，即《录异记》所称

窦圌山（四川江油）

"跻攀绝险，人所不到"。而李白却时时寻访上顶，足见学道之意颇为坚定，视畏途如平地。他眼中的窦圌山因有道有仙而美如画卷。他在开元三年（715年）作《题窦圌山》吟道："樵夫与耕者，出入画屏中。"真个是世外桃源，是学道寻仙者的理想世界。这年他刚好15岁，正入门读"奇书"（道书），汲收道家理论营养；又开始践行道学，即他自述的"十五游神仙，游仙未曾歇"。（《感兴八首》其五）

绵州诸仙山之外，李白还屡屡远足峨眉。峨眉为大渡河与青衣江所怀抱，距绵州昌隆有千里之遥，为蜀地最孤峭之高山，最高峰海拔达3099米，群峰叠嶂拥翠，悬崖陡立险峻，是道家眼里仙气聚汇、仙人云集之地。《华阳国志·蜀志》"南安县"条引《孔子地图》说，峨眉山"有仙药。汉武帝遣使者聚之，欲致其药，不能得"。崖壁间多洞穴飞泉，有九老洞空透数十里，为道人高士隐身好藏所，传为老子"授轩辕"之地，宋以前一直为道教胜地，为三十六洞天之一的"虚凌太妙之天"。

蜀地氤氲的仙气，汉晋以来，吸引着无数接受"天人合一"、向往"至德之世"的士子趋之若鹜。崇尚五斗米道的东晋大书法家王羲之（因官至右军将军，人称王右军）曾经"采药石不远千里，遍游东中诸郡，穿诸名山，泛沧海，叹曰：'我卒当以乐死。'"

（《晋书·王羲之列传》），可谓见多识广了，可是仍以未去蜀地、特别是未去峨眉山问道而抱憾终生。他在《与谢安书中》写道："蜀中山水，如峨眉山，夏含霜雹，碑版之所闻，昆仑之伯仲也。"又在《杂帖》里说："往在都见诸葛颙，曾具问蜀中事……令人远想慨然。"

由于唐太宗特别推崇王羲之，致使有唐一代王书风行天下。李白书法也宗王书。对王羲之的故事，李白自是烂熟胸中。他有《王右军》诗赞道：

> 右军本清真，潇潇出风尘。
>
> 山阴遇羽客，要此好鹅宾。
>
> 扫素写道经，笔精妙入神。
>
> 书罢笼鹅去，何曾别主人。

是诗开门见山即点出王羲之淡泊寡欲，不为世俗所累的真性情，将书圣引为同道；而其"出风尘"而远想蜀地山水、特别是远想峨眉仙气之概，更令李白欣欣然而溢于言表。李白在某次登峨眉山后写下古风《登峨眉山》以抒怀：

> 蜀国多仙山，峨眉邈难匹。
>
> 周流试登览，绝怪安可悉？
>
> 青冥倚天开，彩错疑画出。
>
> 泠然紫霞赏，果得锦囊术。
>
> 云间吟琼箫，石上弄宝瑟，
>
> 平生有微尚，欢笑自此毕。
>
> 烟容如在颜，尘累忽相失。
>
> 傥逢骑羊子，携手凌白日。

峨眉山金顶

峨眉山的仙气，即道家——道教之气，是令人企羡仰慕的。作为家乡人，李白一直为之自豪、自得。在是诗里，李白将峨眉山地的神迹仙踪如数家珍般一一道来，使人有身临其境之感。全诗凡 16 句，便有 8 句涉及道教典故，如末二句"骑羊"一典，语出《列仙传》卷上："葛由者，羌人也，周成王时，好刻木羊卖之。一旦骑羊而入西蜀，蜀中王侯贵人追之上绥山。绥山在峨眉山西南，高无极也。随之者不复还，皆得仙道。"李白之所以能圆熟地撷拾道教典故来展现峨眉山的道影仙气，一是说明他熟读道经而运斤成风，二是反映出他对拥有峨眉仙山的家乡蜀国——这个道教发源地的热爱与依恋。

《李诗直解》释《登峨眉山》说："此咏峨眉之景而有游仙之思也。……况烟霞之容若在我颜，尘埃之累忽尔相失。此时此心已洒然如仙也。倘逢骑羊之仙子，自然契合，携手以凌白日，而同与之逍遥矣。"《登峨眉山》大约作于开元八年（720 年），时李白 20 岁，离他仗剑出蜀还有 5 年。这也就意味着，李白在蜀中生活的后半段，其遗世而游仙（漫游仙境）的构想已在悄然形成。他的求道寻仙之梦也进入到成熟期。

三、与神仙打交道

道教的源头之一是神仙传说和方仙道。最早的神仙家史料，保存在《史记·封禅书》中。那里面说，大约在战国中期，燕齐一带出现了一批神仙方士。他们宣传人可以得道成仙，长生不老，自由遨游于人世之外。燕国人宋毋忌、正伯侨、羡门子高等正是修仙得道的仙人。燕齐东临大海。海市蜃楼的幻影，又促使方士们编造出海上三神山——蓬莱、方丈、瀛洲的神话，说三神山上的宫殿都是用黄金、白银打造的，有白色的飞禽和走兽，住着许多仙人；更重要的是藏着一种吃了会不死的仙药……这就是所谓的仙话。

尽管燕齐方士们的"仙话"或称"神仙家言"荒诞不经，他们中的许多人还因此丢掉了性命（或入海求仙遇难，或被君王迁怒处死），但是，却反映出上古人对永生的渴望与自我意识的觉醒。后来的道教正是看中了这一点而接过"神仙家言"大张其辞，使之成为道教神仙传说的重要蓝本之一。正是有了这个蓝本，东晋道士葛洪才能在《抱朴子·对俗》里为人们描绘出一个集长生、享乐、尊贵于一体的美丽天堂，并代表道教喊出"我命在我不在天，还丹成金亿万年"（《抱朴子·黄白》）的冲天呼声，树立起道教把握自我、反抗死亡的人文主义的生命旗帜。

道教在上古中国人不死信仰的基础上，建构起自己的长生—神仙之道。这应该说是道教信仰的基础，或者说是最基本的信仰。如果不信仰神仙、神仙境界以及人可成仙并进入神仙的天地，那么也就是不承认创世主——"道"的浩然与无所不达，从而祈禳斋醮符箓等等也就没有必要了；更为重要的是道教也便失去了立教的根

基。所以，道教教义的核心就在于弘扬长生久视之道，就在于张扬得道成仙的理论，就在于宣扬人与仙界的联系。道教为此还引经据典，罗列出一大串长生不死的人——真人、神人、仙人。这些真人、神人、仙人——上自黄帝、老子，下至彭祖、八仙——原来都是凡人，尔后又都得道成仙（成为地仙、尸解仙一类），既可在天国里飘来飘去，又可在人世间自由往来，"不食五谷，吸风饮露，乘云气，御飞龙，而游乎四海之外"（《庄子·逍遥游》），是何等的快意潇洒，何等的风流偶傥！直令处于纷纷扰扰、尔虞我诈的尘世里的人们钦羡死了！

天宝三载（744 年）秋冬之际，李白在齐州（治今济南）紫极宫（即老子庙）向北海高天师如贵道士学道，随后又请其为他传授道箓。他有《奉饯高尊师如贵道士传道箓毕归北海》诗纪此事。不过，这道箓是他先前专程去安陵（今河南鄢陵县）请道士盖寰事先造好，再交高如贵天师正式授予的。他又有《访道安陵遇盖寰为予造真箓临别留赠》诗一首纪其事。诗曰：

> ……
>
> 为我草真箓，天人惭妙工。
>
> 七元洞豁落，八角辉星虹。
>
> 三灾荡璇玑，蛟龙翼微躬。
>
> 举手谢天地，虚无齐始终。
>
> 黄金献高堂，答荷难克允。
>
> 下笑世上事，沉魂北罗酆。
>
> 昔日万乘坟，今成一科蓬。
>
> 赠言若可重，实此轻华嵩。

诗歌传递出李白获捧盖寰为自己所制珍贵道箓的喜悦心情，以为从此已获天神护佑而飞升在天，成道为仙。从诗中还可发现，盖寰为李白所造真箓，应当就是能够消灾解厄而致长生不老、与天地齐寿的长生箓。所以他欢欣鼓舞，喜不能禁，下笑世俗之人（包括人间君王）不谙死后万事皆空的道理。李长之先生在谈到李白崇道的原因时，有一段话可谓切中肯綮：

> 道教非常现世，非常功利，有浓厚的人间味，有浓厚的原始味。我说李白的体质是生命和生活，所以他之接受道教思想是当然的了。生活上的满足是功名富贵，因此李白走入游侠；生命上的满足只有长生不老，因此李白走入神仙。①

李白在匡山学道时期曾熟读《老子》《庄子》《列仙传》（旧题汉刘向撰）《抱朴子》《神仙传》（葛洪撰）诸典籍（李白诗歌里的神仙、神仙典故以及某些晦涩的道教理论均出自这些典籍），对神仙说深信不疑。"他常常看到一些神人、仙人的形象，向他招手，对他说话，授他以仙诀……使他飞行于太清。"②

李白在《古风》里说自己"时登大楼山，举首望仙真。羽驾灭去影，飙车绝回轮"（《古风五十九首》其四）。这是他在池州秋浦的大楼山遇见乘鸾鹤、御风云的仙人希望追随到天境，与之长相亲。

"太白何苍苍，星辰上森列。……中有绿发翁，披云卧松雪。"（《古风五十九首》其五）这是他在周至县太白山（即终南山）遇见貌若少年的绿发仙人，教他长生不老术。

---

① 李长之：《李白传》，东方出版社 2010 年版，第 66 页。
② 郭沫若：《李白与杜甫》，人民文学出版社 1971 年版，第 138 页。

清·任薰绘《瑶池霓裳图》

"西上莲花山，迢迢见明星。……邀我登云台，高揖卫叔卿。"（《古风五十九首》其十七）这是他在同州莲花山（即西岳华山）遇见霓裳广带的明星（即仙女）凌空而行，邀请他去云台（华山东北高峰）拜见仙人卫叔卿。他恍惚之间，竟与仙女同驾鸿雁翱翔云天……

"昔我游齐都，登华不注峰。……萧飒古仙人，了知是赤松。"（《古风五十九首》其十八）这是他在齐州华不注山遇见御青龙飞升的赤仙子（神农时的雨师），借给他一只白鹿，使之"欣然愿相从"。

宋人葛立方在《韵语阳秋》卷十一里评李白《古风》中的神仙诗（游仙诗）说：

李太白《古风》两卷，近七十篇①，身欲为神仙者，殆十三四：或欲把芙蓉而蹑太清，或欲挟两龙而凌倒景，或欲留玉舄而上蓬山，或欲折若木而游八极，或欲结交王子晋，或欲高揖卫叔卿，或欲借白鹿于赤松，或欲餐金光于安期生……

---

① 按：詹锳主编《李白全集校注汇释集评》所收《古风》只有五十九首。其引《朱子语类》卷一百四十说："《古风》两卷……多为人所乱，有一篇分为三篇者，有三篇合为一篇者。"詹锳指出：李白五十篇《古风》，"是宋人所见传本。《古风》有分为两卷者，今已不复可见。"见《李白全集校注汇释集评》第一册，百花文艺出版社1996年版，第18页。

　　李白在这些神仙诗里，登仙山，驾云鹤，踏星月，御飞龙，信步徜徉于太虚境，自由来往于天地间，拜高士为师，与仙人同游，无所不能，无所不达。这应该属于李白所信奉的道教神仙理论的一个重要特点，这就是张扬神仙法术的威力无比。李白读过的《抱朴子》描绘这种神仙法术说，它不仅能将神仙本人化形为飞禽走兽及金木玉石，可以隐身易形，而且还能够变化创造出自己所需的各种东西，乃至画地为河，撮壤成山，兴云致雨……这些描绘，大胆而浪漫，质朴而动人；其中有一些，譬如说在空中自由飞行，以人工兴云致雨，今天来看，当为古代的科学幻想，现代科学技术已将它们变为现实。而有些描绘虽属离奇得近乎荒诞，可是道教认为"有生最灵，莫过乎人"（《抱朴子·论仙》），相信人的能力最终可以达到"无所不作"的地步，这应该是富有积极意义的。李白在漫游仙境里所看到的、听到的以及他自己所做的和想到而未及做的，大多记载在《抱朴子》里。它们表现了人在与大自然和谐相处之外，还试图掌控大自然、驾驭大自然的美丽梦想。在道教徒看来，实现这个梦想并不太难。因为他们握有"道"这个制胜法宝。包括李白在内的道教徒眼中的"道"，乃是宇宙的本原、本体，是大自然的变化规律，是客观存在的自然法则；世间万物都由此派生而出并发展演变，所谓"道生一，一生二，二生三，三生万物"（《老子》第四十二章）就是这个意思。人只要牢牢把握住"道"，顺应"道"（就是顺应自然、顺应自然规律），做到庄子所讲的"物化"，实现天人合一，便会获得最大自由，拥有最大能量。

　　李白在《草创大还赠柳官迪》诗里开篇就讲："天地为橐籥，周流行太易。造化合元符，交构腾精魄。"诗中橐籥，原系古代冶

铸用的大皮囊、大竹管，相当于后来的大风箱、鼓风机，李白用来代指"道"。《老子》第五章说："天地之间，其犹橐籥乎？虚而不屈，动而愈出。"李白化用老子之言，将天地比做一个大熔炉，只要吹动橐籥（道），万物就会被鼓铸而化生，生生不息。李白诗中还讲："赫然称大道，与道本无隔。"朱谏《李诗选注》道破了此句的潜台词，说是：人得造化（指自然）之妙，与天地为一体；"然则大易之道，不在天地，而在于我矣。我即造化也，夫何间然之有？"

李白自认为大道在我，我即自然，万物皆备于我，"观化游无垠"（《送岑徵君归鸣皋山》）。有了这种信念，以及相应而来的自信心，李白看万物备感亲近，视世事如过眼烟云。他自言"得心自虚妙，外物空颓靡"（《金门答苏秀才》），"一身自潇洒，万物何嚣喧"（《答从弟幼成过西园见赠》），相信自己已是仙人中的一员了，滚滚红尘于我何干？他在天宝四载（745 年）作《西岳云台歌送丹丘子》诗，将好友、也是道士的元丹丘视为仙人（李白自己当然也属仙人之列），描述他和元丹丘出入九重、恩宠光辉的景况：

> ……
>
> 明星玉女备洒扫，麻姑搔背指爪轻。
>
> 我皇手把天地户，丹丘谈天与天语。
>
> 九重出入生光辉，东求蓬莱复西归。
>
> 玉浆傥惠故人饮，骑二茅龙上天飞。

是诗书写仙人李白的自信一如故往：让玉女、麻姑这些名声显赫的女仙都来亲自为他们服务；天帝则轻启门户迎接，与之聊天叙旧；他和丹丘子又共饮玉浆，各骑茅龙遨游天堂，无比快乐……在

李白看来，这是他学道的成果，做仙人的惬意，道外之人是无法体味的。

天宝元年（742年），李白登泰山后所作《游太山六首》，亦是他述说与神仙打交道时的感受，在据仙山而小天下之外，又颇有些自美和炫耀：

泰山（山东）

其一

......

登高望蓬瀛，想象金银台。

天门一长啸，万里清风来。

玉女四五人，飘摇下九垓。

含笑引素手，遗我流霞杯。

......

其二

清晓骑白鹿，直上天门山。

山际逢羽人，方瞳好容颜。

扪萝欲就语，却掩青云关。

遗我鸟迹书，飘然落岩间。

其字乃上古，读之了不闲。

感此三叹息，从师方未还。

其四

清斋三千日，裂素写道经。

吟诵有所得，众神卫我形。

云行信长风，飒若羽翼生。

……

安得不死药，高飞向蓬瀛。

其六

朝饮王母池，暝投天门阙。

独抱绿绮琴，夜行青山月。

……

扪天摘匏瓜，恍惚不忆归。

举手弄清浅，误攀织女机。

明晨坐相失，但见五云飞。

在这些游仙诗里，李白作"雄飞啸傲于岳颠之想"，摘天星（星名匏瓜，一名天鸡），戏河汉（借清浅代河汉），饮瑶池水，宿天门阙；得羽人天书，叹道里乾坤；有众神护卫，堪乘云驾风；获玉女眷顾，捧流霞丹液……精神飞扬而觉与天地通，悠悠然有小宇宙而脱落尘世之意。清乾隆皇帝敕编《唐宋诗醇》卷七评李白《游太山六首》，称其"状景奇特而无刻削之迹。盖浩浩落落，独往独来，自然而成，不假人力。大家所以异人者在此"。

四、学道飞丹砂

开元十三年（725 年，为李白《上安州裴长史书》所云"杖剑去国，辞亲远游"的那一年）岁末，李白在江陵（在今湖北）长江

边的一处驿馆与年近八十的道士司马承祯相遇，两人相见恨晚，很快成为忘年之交（时李白大约25岁）。白发童颜的司马大师极为欣赏眼前这位年轻的信徒，连连夸他"有仙风道骨，可与神游八极之表"（李白：《大鹏赋并序》）。司马承祯在江陵停留数日后，即乘船顺江而东，经洞庭入湘江南下去游衡山。李白则在驿馆作短暂盘桓，回味大师金玉般的教诲、点拨，遂作《大鹏遇希有鸟赋》广为宣传。

司马承祯（647～735年）字子微，法号道隐，自号白云子，为道教义理化进程中一位承前启后的重要人物，曾亲授唐玄宗法箓。他的道教理伦视野宽阔，兼采儒家正心说和佛教止观学说，重视人生，强调把握自我而顺应天道，主张"道"（在人身则谓之为"气"，由"道"所派生）乃主宰人体生命的决定性物质。这种物质，是看不见、摸不着，却又是可以实在感觉到的，是能够通过后天修炼与蓄养的。而修炼与蓄养到高级阶段，就叫做"得道"。司马承祯在《坐忘论·得道》里是这样描绘的：

> 是故大人含光藏晖，以期全备，凝神宝气，学道无心。神与道合，谓之得道。

在司马承祯看来，凡"得道"者，必为"凝神宝气"而与道相合者。这时已是"身与道同"，"心与道同"，"耳则道耳"，"眼则道眼"，"六根洞达"了，成为长生不死，"智周万物"的仙人了。（参见《坐忘论·得道》）倘从彻底的唯物主义立场来观察，司马承祯的"得道"论固然荒诞无稽。可是，他却继葛洪、陶弘景等之后，又一次地高标起"仙道贵生"的生命大旗，并将这杆大旗交给处于现世中的人们，引导人们脚踏实地，从现在做起，从自己做起，

将人生（包括人的健康与长寿）自信地把握在自己手里。

司马承祯的道教理论的一个核心点是"守静"，以"藏晖"（"藏身"）而致"道"。这对正在如饥似渴地学习道经以圆成仙之梦的李白自然会有重大影响。李白尔后的不少涉道诗便谈及对"藏晖""藏身"的体会。他有《沐浴子》歌云：

> 沐芳莫弹冠，浴兰莫振衣。
>
> 处世忌太洁，志人贵藏晖。
>
> 沧浪有钓叟，吾与尔同归。

又有《拟古十二首》其八云：

> ……
>
> 日月终销毁，天地同枯槁。
>
> 蟪蛄啼青松，安见此树老？
>
> 金丹宁误俗，昧者难精讨。
>
> 尔非千岁翁，多恨去世早。
>
> 饮酒入玉壶，藏身以为宝。

两诗的共同点都是强调人贵于"藏"，即随俗而处，不露锋芒。这就是《老子》第五十六章所谓："和其光，同其尘，是谓玄同。"此二诗当是李白不得志时（可能是在天宝三载被唐玄宗"赠金放还"后）之作，在政治上颇有逍遥于世之意。这与司马承祯哲学与养生学意义上的"守静""藏晖"虽有不同，但仍合道家本义。

上引《拟古十二首》其八，还提及李白平生的两大嗜好——服丹（或称服药）与饮酒。而服丹乃属道教徒修炼的内容。道教养生修炼分外丹和内丹。外丹为金石烹炼成丹，即长生不老药。葛洪《抱朴子·金丹》说："九转之丹服之三日得仙。"内丹则属司马承祯所主张的"守静"范畴，其原理完全仿照炼外丹而来。《谷神论》说："含精炼气，吐故纳新，上入泥丸，下注丹田，谓之内丹。"炼外丹要用炉，炉上要用鼎，鼎中要装药（黄金、朱砂、雄黄、雌黄、硝石、云母等），炉中要烧火；练内丹也是一样，要有炉、有鼎、有药、有火。人体的炉就是阴穴，又称会阴。人体的鼎在脐以下到阴阜的部位，形状好似一只反扣的半边锅，故被称做"半边锅内煮乾坤"。炼丹者的药就是精、气、神这生命"三宝"。道教养生家认为"生命三宝"在后天人为的作践中会消耗殆尽，从而短寿，因此须得将它们凝炼成"丹"。炼丹者的火就是意念。李白是深谙内丹之道的。其有诗赞道："喘息餐妙气，步虚吟真声。道与古仙合，心将元化并。"（《题随州紫阳先生壁》）这里的"喘息餐气"，即指内丹吐纳之法。

《抱朴子·论仙》说："若夫仙人，以药物养生，以术数延命"，所指大概就是外丹和内丹。而饮酒与服丹（指外丹之丹药）

清·任颐绘《道家炼石图》

在李白来说，都是入梦成仙的路径，饮后、服后均飘飘然有升天的感觉，所以李白有很多饮酒买醉的诗，服丹、求药的诗。如前举《西岳云台歌送丹丘子》中的"玉浆"、《游太山六首》其一中的

"流露"、其四中的"不死药"，都指的是丹药——李白眼中的仙药。

李白相信服了仙药可以长生不老，继而进入仙界，成为神仙中的一员，所以到处求药寻仙。他在《感兴八首》其五中说："西山玉童子，使我炼金骨"；在《古风五十九首》其四中说："药物秘海岳，采铅青溪滨"；在《古风五十九首》其十五中说："昆山采琼蕊，可以炼精魄"；在《留别广陵诸公》里说："炼丹费火石，采药穷山川"……说明他不仅不辞万里，踏遍千山万壑地去求药寻仙，而且还就地动手采集药石、药草，亲自烧炉炼丹。在这方面，他也有诗纪其事："弃剑学丹砂，临炉双玉童"（《流夜郎半道承恩放还，兼欣克复之美，书怀示息秀才》）；"闭剑琉璃匣，炼丹紫翠房"（《留别曹南群官之江南》）；"倾家事金鼎，年貌可长新"（《避地司空原言怀》）……由此表明李白的神仙信仰是极虔诚的，追求仙人之梦是坚定的，费财耗力而在所不惜，甚至倾家荡产，还将妻（宗氏）女（平阳）一同拉来"访神仙"，"炼金药"（参见《题嵩山逸人元丹丘山居》）。这还不算完，他又将家僮唤作"丹砂"（参见《出妓金陵子呈卢六四首》其四）。按：《抱朴子·金丹》云："凡草木烧之即烬，而丹砂烧之成水银，积变又还成丹砂，其去草木远矣。故能令人长生。"这就是道教所谓的"还丹"。王琦《李人白文集辑注》引甄鸾《笑道论》说："《神仙金液经》云：金液还丹，太上所服而神。今烧水银，还后为丹，服之得仙，白日升天。求仙不得此道，徒自苦耳。"所以李白"愿游名山去，学道飞丹砂"（《落日忆山中》）。李白将家僮取名为丹砂，以示时刻不忘炼丹服药，并最终达到白日升天这个神仙梦想的最高境界。

李白因为有了炼丹求仙的美丽梦想而时常处于幸福中。他在天

宝十四载（755 年）为将离金陵南游的好友权十一（名权昭夷）写的饯行诗序中说：

> ……吾希风广成，荡漾浮世，素受宝诀，为三十六帝之外臣。即四明逸老贺知章，呼余为谪仙人，盖实录耳。而尝采姹女于江华，收河车于清溪，与天水权昭夷，服勤炉火之业久矣。之子也，冲恬渊静，翰才峻发。白每一篇一札，皆昭夷之所操。吁！舍我而南，若折羽翼。时岁律寒苦，天风枯声。云帆涉汉，同若绝电。举目四顾，霜天峥嵘。衔杯叙离，群子赋诗以出饯，酒仙翁李白辞。（《金陵与诸贤送权十一序》）

是序在回顾诗人与权十一（也在一起炼丹求仙）的友好交往之外，还涉及诗人自己的学道炼丹的历程及对神仙如 1200 岁而未曾衰老的广成子的仰慕向往，有怡然自得之状。序中还提到 14 年前贺知章呼他为"谪仙人"的事，余美未歇。原来天宝元年（742 年）秋，李白在京师长安被唐玄宗命为翰林供奉后，得以与秘书监贺知章（659～约744年）相见。这位当时已 83 岁的耄耋老翁也是狂人（自号四明狂客），他一见到李白便惊呼他为"谪仙人"。李白一下子便觉血液沸腾，飘飘然了。这感觉比他当年在江陵被司马承祯夸为"有仙风道骨"还要好。李白从此也便以"仙"或"谪仙人"自居，四处自美，在后来的诗文中屡屡提及，念念不忘。他在《金陵与诸贤送权十一序》末尾也是以"酒仙翁"自称。这说明天宝十四载的李白（离他辞世还有 6 年光景）依旧痴心于学道炼丹，追求成仙之梦。

唐肃宗乾元二年（759 年）秋，李白在安徽宿松长江边上写下《江下望皖公山》诗，其中有云："但爱兹岭高，何由讨灵异？默然

遥相许，欲往心莫遂。待吾还丹成，投迹归此地。"皖公山为道教名山，为道教徒眼中灵异（神仙）出没而"巉绝称人意"的地方，李白一心向往之，却又感叹自己尚未"还丹成"。这表明李白对自己"谪仙人"的身份已有了怀疑，知道自己毕竟还未成仙，还须继续努力炼丹服药，待真正得道之后，才有资格去长驻仙山。

李白此时的动摇，或与其时身体渐感不适，自觉开始走下坡路有关系。他在此前两年，即唐肃宗至德元载（756年）冬《与贾少公书》中便已透露出这些信息。那上面说："白绵疾疲苶，去期恬退。"疲苶，困极之貌，疲惫透顶，打不起精神，所以才有"恬退"（不事奔竞，安于退让）的想法。至德元载冬，永王李璘慕李白才名，辟其为幕府僚佐。李白虽已应征，但却深感力不从心，处于犹豫之中，故在给一位做县尉（县尉别称少公）的朋友贾少公的书信中说了那些话。不过，李白最终还是被永王李璘的诚意（三次遣使征召李白入幕）打动，出山追随李璘。孰料不久却因此获罪。他在宿松怀着惴惴不安的心情等待判决（年末即以"附逆"罪被判"长流夜郎"）时，便有了上述《与贾少公书》。他同时还有《赠张相镐二首》，其一中的"卧病古松滋（宿松山）""枯槁惊常伦"句，则明白说明当时疾病已很严重。① 尽管如此，李白仍不愿停止炼丹、服药（丹），依然做着期望"还丹成"而加入神仙队伍的美梦。

上元元年（760年），李白从夜郎（治今贵州正安西北）流放

---

① 郭沫若先生引晚唐皮日休《七爱诗》说，李白当时得的是"腐胁疾"，即慢性脓胸穿孔。他分析李白身体由壮转衰，并最终因"腐胁疾"死去的原因中，有嗜酒一项；而"长期炼丹、服丹，以致水银中毒"，"是更重要的一项"。参见郭沫若：《李白与杜甫》，人民文学出版社1971年版，第129页、第145页。

途中遇赦折返，经江陵、江夏（治今湖北武汉之武昌）而游洞庭，再还至江夏，因作《望黄鹤山》诗，其中有云：

……

> 颇闻列仙人，于此学飞术。
>
> 一时向蓬海，千载空石室。
>
> 金灶生烟埃，玉潭秘清谧。
>
> 地古遗草木，庭寒老芝术。
>
> 蹇余羡攀跻，因欲保闲逸。
>
> 观奇遍诸岳，兹岭不可匹。
>
> 结心寄青松，永悟客情毕。

黄鹤山又名黄鹄山，即今武昌蛇山。山近长江处有黄鹤矶，上有黄鹤楼。相传仙人子安乘黄鹤过此；三国蜀汉大臣费祎也是于此处登仙，又驾黄鹤回来在此休息。诗中金灶指仙人炼丹炉，玉潭是仙人炼丹水，芝术为仙人所服仙药灵芝与白术、苍术等。黄鹤山即是仙人升天和往来的地方，亦密集金灶、金潭及众仙草，令李白羡慕死了。他大概是望仙山而心飞天外，悠悠然又以为自己是仙了。署名严沧浪、刘会孟者评点《李太白集》引明人评语说：此诗"大指在求仙，亦生峭，有气概"。李白作此诗时已是花甲老人，且疾病缠身，可求仙之心不改，依旧兴致勃勃，情趣盎然。

李白写《望黄鹤山》的翌年，即上元二年（761 年）夏天，他将夫人宗氏亲自送往庐山屏风叠北女道士李腾空处学道（这离他辞世只有一年半的时间）。李腾空即宰相李林甫之女，在庐山出家为道，以丹药符箓救人疾苦。李白将夫人送抵目的地后，有《送内寻庐山女道士李腾空二首》纪事：

其一

君寻腾空子，应到碧山家。

水舂云母碓，风扫石楠花。

若恋幽居好，相邀弄紫霞。

其二

多君相门女，学道爱神仙。

素手掬青霭，罗衣曳紫烟。

一往屏风叠，乘鸾著玉鞭。

　　二诗一任李白道家韵致，风骨泠泠而神采粲粲，虽因对宗氏的依恋而有些怅然若失的意味，但给读者更多的却是对爱妻的衷心祝福与钦羡。宗氏或要在庐山成道，可本身就是道士的李白却不能与之携手成仙。对此，他不能说心中不起波澜。然而，此时的他的确是心似镜湖，澄净如洗。正像他在《送裴十八图南归嵩山二首》其一中所说"同归无早晚，颍水有清源"，他早晚总是要回归山林，专心修炼，与同道中人共享仙境之乐的。然而，这一切都要待他再次报效国家之后。这是因为上元二年五月，朝廷以李光弼为河南副元帅出镇临淮，以平定安史之乱。消息传到他暂栖的豫章（治今江西南昌，大人宗氏居此），他又跃跃欲试，全然忘记了四年前从永王璘的那份不堪回首的伤痛。他将宗氏匆匆送上庐山后，便兴冲冲地赶往宣州投军去了。只是这次投军还是因病躯拖累中途返回金陵。他不禁抚剑长叹："天夺壮士心，长吁别吴京。"同时也便最终死了从戎的念头，重新将人生的目光投向道山："因之出寥廓，挥手谢公卿。"（均见《闻李太尉大举秦兵百万出征东南，懦夫请缨冀申一割之用，半道病还，留别金陵崔侍御十九韵》）表示从此真的

要高飞远举，去与"道"合，与仙人群了。

其实，李白的心一直围绕着"道"、围绕着仙在转；只是有时走得近些，有时处得远些罢了。郭沫若先生说李白暮年在宣州当涂横望山写的《下途归石门旧居》（郭沫若系于宝应元年即李白去世当年春天），"是他和道教迷信的最后诀别"，"是对于神仙迷信的诀别"①。其实不然。郭沫若指证的核心句子是："我离虽则岁物改，如今了然识所在"；"揖君去，长相思，云游雨散从此辞"。如果稍加分析，便不难发现，这些句子遵循的乃是告别友人包括道友（郭沫若说是吴筠，郁贤皓、刘华云、李从军等则认为是元丹丘）时的一般思路，是对人对物不对事，说的是对过往人物的历历在目，对告别友人的凄苦与依恋，丝毫没有轻慢宗教、否定迷信的意味。倒是其中"羡君素书常满案，含丹照白霞色烂。余尝学道穷冥筌，梦中往往游仙山。何当脱屣谢时去？壶中别有日月天。俯仰人间易凋朽，钟峰五云在轩牖。惜别愁窥玉女窗，归来笑把洪崖手"等许多句子，传递出已接近人生终点的李白始终不忘学道游仙，回忆起他当年孜孜以求的神仙梦时，仍满怀幸福、温馨、愉悦与美好的憧憬；尽管他临死也未成仙。

什么叫神仙？《释名·释长幼》："老而不死曰仙。"《抱朴子·对俗》说，仙人的基本特征就是长生。闻一多先生在《神仙考》里则换了个角度说：神仙"实即因灵魂不死观念逐渐具体化而产生出来的想象的或半想象的人物"②。总之，憧憬长生和成仙，乃

---

① 郭沫若：《李白与杜甫》，人民文学出版社 1971 年版，第 149 页，第 155页。

② 闻一多：《神话与诗》，湖南人民出版社 2010 年版，第 136 页。

宋·梁楷绘《太白行吟图》

是道教神仙理论的首要特点。为了实现长生和成仙，道教徒们在方仙道的基础上，寻药、炼丹、行气、导引、远游、饮露、餐霞，倾全身心地忙个不停，从汉代一直忙碌到明代，在中国社会发展史上写下了最为荒诞离奇而又神秘诡谲的一章，并留下了诸如"一人得道，鸡犬升天"一类的许许多多撩拨人心的美妙杜撰。虽然如此，道教的长生和成仙欲望，仍荡漾着人文主义的理性精神，体现出中国传统文化中难能珍贵的在天人合一基础之上的人定胜天精神与人格独立、精神自由、把握自我的思想。这在世界其他宗教中是没有的，亦是几千年间在中国占统治地位的儒家主流思想难望项背的。这是道教（包括其神仙信仰）在旧时能够吸引许许多多中国人，包括许许多多优秀的中国文化人的一个重要因素。而李白之所以读儒、学佛，但更崇道，直到晚年还念念不忘求道寻仙，其奥秘也在这里。

五、一辈子的背包客

唐肃宗上元元年（760年），已经60岁的李白自江夏往浔阳（治今江西九江）游庐山，在"天朗气清，惠风和畅"之际登上五老峰东北的屏风叠（又名九叠屏）游目天际，"仰观宇宙之大，俯察品类之盛"（王羲之：《兰亭集序》）而骋怀书情，寄好友卢虚舟

（曾任殿中侍御史，此前与李白同游过庐山）：

> 我本楚狂人，凤歌笑孔丘。
>
> 手执绿玉杖，朝别黄鹤楼。
>
> 五岳寻仙不辞远，一生好入名山游。
>
> ……

（《庐山谣寄卢侍御虚舟》）

是诗指明李白在思想上最看重庄老之学而自比为楚狂接舆，所以要手持仙人所用的绿玉杖，于烟波浩渺中告别清晨的黄鹤楼而去遍游天下名山。黄鹤楼这处弥漫着仙气、灵气的地方屡屡成为李白漫游天下的出发点。

纵观李白的人生轨迹，求道寻仙和登山临水占有最重的分量。诗里所讲"五岳寻仙不辞远，一生好入名山游"，正好概括了他生命中的这两大内容。中国旧时的名山胜水，几乎为僧、道所分割；但在唐代，由于朝廷奉李耳（老子）为祖宗而崇道，天下名山遂多为道山（仙山）。不过，求道寻仙与登山临水虽是李白作为道教信仰者与漫游诗人行走长轴中的两条并行线，可是有一点则必须明白：即他的登山临水并不都是以求道寻仙为指归。李白首先是具有自由思想的知识分子，同时也受过传统儒学的熏陶。他与大自然的亲近，不仅仅是作为仙境来漫游，也是在做"山水之乐"，去向外发现自然，向内也开掘自己的深情。

在古代，"山水之乐"乃是文人士子修身养性的一个重要内容。孔子所说"父母在，不远游，游必有方"（《论语·里仁》），尽管是从孝敬父母，方便照顾父母的角度出发的，但却说明孔子时代远游活动已很盛行。这远游，既包括仕宦之旅，也包括问学之旅，当

然还有纯粹的山水之旅——山水之乐。难怪孔子有"知者乐水，仁者乐山"（《论语·雍也》）之语。孔子这一智者之言，开启了中国文人走向山水、审美山水、与山水和谐相处的门扉。此后，才有庄子那恣肆汪洋的《逍遥游》、屈原那独立不迁的《橘颂》、曹操那沉雄宏阔的《步出夏门行·观沧海》……孔子参与著述的《周易》（后来道教将其归为道书，列入《道藏》）之《观》《旅》二卦（包括经、传），可以说是孔子以前及孔子时代的士人"山水之乐"的经验总结，并由山水之乐引发开来，为士人修身养性提供了一份最初的行旅（包括自然行旅、人生行旅）指南。最具典型意义的是下面两段话：

> 大观在上，顺而巽，中正以观天下……观天之神道，而四时不忒；圣人以神道设教，而天下服矣。（《彖传》释《观》卦）

> "旅，小亨"，柔得中乎外而顺乎刚，止而丽乎明……旅之时义大矣哉！（《彖传》释《旅》卦）

这两段话的要点有五：其一，自然的气象美丽而壮观（"大观在上"）；其二，自然气象可以比附人格美（"顺而巽，中正以观天下"）；其三，自然气象可以证实书本（"观天之神道，而四时不忒"）；其四，自然气象可为政治家提供治理范式（"圣人以神道设教，而天下服矣"）；其五，自然气象可以净化心灵，陶冶情操（"柔得中乎外而顺乎刚，止而丽乎明"）。所以"旅之时义大矣哉！"（行旅之时的意义是多么宏大啊！）

熟读道书的李白很早就深谙自然气象的美学意义。开元二十一年（733年），他在安陆（在今湖北）作《春夜宴从弟桃花园序》，

大谈天地之大、自然之美、人生之怡，称：

> 夫天地者，万物之逆旅也；光阴者，百代之过客也。而浮生若梦，为欢几何？古人秉烛夜游，良有以也。况阳春召我以烟景，大块假我以文章。会桃花之芳园，序天伦之乐事。群季俊秀，皆为惠连；吾人咏歌，独惭康乐。幽赏未已，高谈转清。开琼筵以坐花，飞羽觞而醉月。不有佳咏，何伸雅怀？如诗不成，罚依金谷酒斗数。

该序译成白话文大意是：天地是万物的旅舍，光阴是百代的过客。人生一场，好似做梦；快活作欢，能有多少？这就难怪古人要抓紧时间手持蜡烛去夜游啊！何况阳春三月，所见都是灿烂的景色；天地自然，都是供我做文章的好材料。适逢在桃李绽放的花园里展示天伦之乐。众多弟兄，都有谢惠连的才情；只是惭愧自己做诗，尚不能达到谢灵运的水平。幽赏细品还没结束，激情高论转入清心琐谈。大家围坐在桃花丛中享受美宴，酒杯在月光下频频举起。如果此时没有佳作助兴，怎能抒发高雅情怀？若是做不好诗，便依晋代石崇金谷园的办法罚酒三斗。

李白这篇以春夜桃花园美宴为题的小品，写得清澈明净而优雅欢快，充满强烈的画面感，长期以来脍炙人口，被清人吴楚材、吴调侯选入《古文观止》①；明代画家仇英则将它转为视觉艺术，绘成《桃李园图》传世。《古文观止》卷七评是文曰："发端数语，已见潇洒风尘之外，而转落层次，语无泛设，幽怀逸趣，辞短韵长，读之增人许多情思。"我们今天读它，起码有两点情思：第一，让我

---

① 《春夜宴从弟桃花园序》中"桃花"在《古文观止》卷七中作"桃李"。

们识读到李白以天地为逆旅（旅舍）的大情怀，触摸到他抓紧时光去亲近大自然的热烈脉搏；第二，让我们理会到李白感恩大自然的心境，领悟到他欲与大自然交融合一的心思。旧时视该序流露出的及时行乐的情绪，为"浅识""消极"云云。然而倘加细读，便会发现它是一篇拥抱大自然，主张积极行走、快乐生活的宣言书。而真实的李白也是一位大自然的热情拥抱者，不知疲倦地漫游天下的辛勤背包客。

《周易·系辞上传》说："法象莫大乎天地，变通莫大乎四时，县（悬）象著明莫大乎日月。"（仿效自然没有比天地更大的，变化会通没有比一年四季更大的，悬象显示光明没有比日月更大的。）大自然气象恢宏，变化万千，乃世间万物之源：既是人类物质家园所凭借，更是精神家园所归依，道德人格所寄托。李白在蜀中的时候就已将天地自然并及包括一草一木在内的世间万物当做朋友，视为知己。李白熟读《庄子》（《春夜宴从弟桃花园序》中"浮生若梦""大块"之类的话语均取自《庄子》），知道《庄子·在宥》篇有两段关于"独往独来"者（即精神独立、思想自由的漫游者）与大自然关系的话：

出入六合，游乎九州，独往独来，是谓独有。独有之人，是谓至贵。

大同而无己。无己，恶乎得有有！睹有者，昔之君子；睹无者，天地之友。

两段话的大意是：能够随意在天地四方出入，漫游九州，独往独来的人，可称之为独有。独有的人，是最珍贵的。与万物混同合一也就没有了物我对立。没有物我对立，哪会有我的存在！能看见

我存在的人，是过去的君子；不能看见我存在的人，是天地万物的朋友。《庄子·在宥》此处的"无己"，就是与天地万物合一的意思，意即《庄子·齐物论》里所谓"天地与我为一，万物与我并生"的境界。李白终其一生求道寻仙的过程，也就是逐渐"无己"的过程；而他登山临水，与天地为友的一生，依旧是"无己"的一生。李白行走长轴上的两条并行线的目标其实一样，可谓殊途同归。

李白少时读书的地方昌隆县青廉（莲）乡的匡山一直是竹林茂密，竹影婆娑。李白在这里为胞妹月圆盖了一座粉竹楼。"传说月圆用洗面水浇灌楼下竹丛，年深月久，便长出一种带粉的竹子来，因此取名'粉竹楼'。"①李白从小处于竹的怀抱

粉竹楼（江油李白纪念馆）

中，目染竹的清丽俊逸的风姿，仰慕竹的雄睥苍穹的风骨。他出蜀后曾与孔巢父、韩准、裴政、张叔明、陶沔等友人结庐于山东徂徕山中的竹溪侧畔。他们与竹为伴，放浪形骸，号"竹溪六逸"。当李白在政治上连连失意的时候，曾多次回忆起在匡山野竹怀抱和徂徕山竹溪畔的那些美好的时光，并对魏晋间的"竹林七贤"钦羡不已。他在《送韩准、裴政、孔巢父还山》诗里说："昨宵梦里还，

---

① 安旗：《李白纵横探》，陕西人民出版社 1981 年版，第 3 页。

云弄竹溪月。"在《对雪奉饯任城六父秩满归京》诗里说:"何时竹林下,更与步兵邻。"在《鲁郡尧祠送窦明府薄华还西京》诗里说:"竹林七子去道赊,兰亭雄笔安足夸。"他的《慈姥竹》诗,写得风骨凛然而又舒卷自如:

> 野竹攒石生,含烟映江岛。
>
> 翠色落波深,虚声带寒早。
>
> 龙吟曾未听,凤曲吹应好。
>
> 不学蒲柳凋,贞心常自保。

在李白眼里,竹已被充分人格化了。而他就是竹,竹也就是他。竹与他"大同而无己"。竹成为他"独与天地精神往来"(《庄子·天下》)的桥梁和支柱,是他在"不得开心颜"的社会环境里可以小憩和休整的臂膀,是他在肃杀寒气下得以寻求鼓励而坚持自我的良师益友。

李白对家乡的山水草木、城池楼阁的感情,近乎婴儿对母亲的依恋,是那么宁静、自然、流连不舍而又不乏淡淡的乡愁。他在开元八年(720 年)春 20 岁时游成都,写下《登

望江楼(成都锦江畔。传为清光绪间仿唐散花楼建)

锦城散花楼》诗极赞成都的娇娆壮丽:

> 日照锦城头,朝光散花楼。
>
> 金窗夹绣户,珠箔悬琼钩。

飞梯绿云中，极目散我忧。

暮雨向三峡，春江绕双流。

今来一登望，如上九天游。

是诗描述作者登上当时成都最高处散花楼（今已不存）俯瞰全城时的美妙感受，将唐代大成都（时有"扬一益二"之说）的寥廓气象、锦绣景致由近而远地次第展现在读者面前，恍如壮阔的航拍图，让人"游于九天之上，邈出尘寰而俯视乎下方也"（朱谏：《李诗选注》）。

李白还著有《上皇西巡南京歌十首》（王琦《李太白年谱》系于唐肃宗至德二载，即 757 年）。上皇西巡南京是指天宝十五载（即至德元载，756 年）唐玄宗因安史之乱而西避成都（至德二载以成都为南京）事。这十首西巡歌除三首写唐玄宗来去成都途中所见风光外，其余七首皆着墨成都及周边形胜，被明人誉为"金钟大镛之音"（署严沧浪、刘会孟评本）。倘再以比较，这组西巡歌中的第二首可谓出类拔萃，尤具气质与气魄，被视为历代咏成都诗中的花魁。全诗如下：

九天开出一成都，万户千门入画图。

草树云山如锦绣，秦川得及此间无？

李白依凭他对蜀地的美好记忆而在出蜀 32 年后用心写出的这组描绘故乡靓景情影的"成都颂"，获得后人的交口称赞。前述严评本载明人批语说它们"语有分寸，字多斟酌，工丽宏壮"。这其中，当以上述第二首最有代表意义。

李白 25 岁上出蜀后，便再也没有回过家乡。不过，这并不是说李白不眷恋他的家乡。我们看他的许多诗篇，其实无不充溢着对家乡山水草木的挚爱深情。

《峨眉山月歌》诗意画（明·蔡冲寰绘，选自明万历刻《唐诗画谱》）

开元十二年（723 年）秋，李白仗剑离蜀时，从嘉州犍为县的清溪驿出发，准备进入岷江途中，因作《峨眉山月歌》，将家乡景色描绘得清婉可人，明丽诱人：

> 峨眉山月半轮秋，
>
> 影入平羌江水流。
>
> 夜发清溪向三峡，
>
> 思君不见下渝州。

是诗仅 28 字，却五见地名（峨眉山、平羌江、清溪、三峡、渝州凡 12 字），这在《万首唐人绝句》（宋人洪迈编）中乃属绝无仅有。是诗叙写对家乡友人（或说是峨眉山月）的依恋难舍之情，含情婉转，浑然无迹，清澈明朗，空灵入妙，堪称"太白佳境"（明·王世贞《艺苑卮言》卷四）。

李白写家乡山水的鸿篇巨制当数《蜀道难》：

> 噫吁嚱，危乎高哉！
>
> 蜀道之难，难于上青天！
>
> 蚕丛及鱼凫，开国何茫然！
>
> 尔来四万八千岁，不与秦塞通人烟。
>
> 西当太白有鸟道，可以横绝峨眉巅。
>
> 地崩山摧壮士死，然后天梯石栈方钩连。
>
> 上有六龙回日之高标，下有冲波逆折之回川。

黄鹤之飞尚不得过，猿猱欲度愁攀援。

青泥何盘盘！百步九折萦岩峦。

扪参历井仰胁息，以手抚膺坐长叹。

问君西游何时还？畏途巉岩不可攀。

但见悲鸟号古木，雄飞雌从绕林间。

又闻子规啼夜月，愁空山。

……

这首乐府诗，是李白借《蜀
道难》旧题而酿新酒，以极写自
秦（今陕西）入蜀道路的崎岖艰
险与蜀地山川形势的嵯峨峻急，
向世人展示家乡的雄奇美。其笔
力凌健，想象瑰丽，势若迅雷疾
电，颠风簸海，令人震魄慑胆，
叹为奇观，"自骚人以还，鲜有
此体调"（殷璠：《河岳英灵集》
卷上）。当时已83岁高龄、阅人
无数的太子宾客贺知章就是读到

近人马骀绘《蜀栈连云图》

这篇《蜀道难》后，"扬眉谓之曰：'公非人世之人，可不是太白星
精耶？'"（五代·王定保：《唐摭言》卷七）清人沈德潜评论说：
"笔陈纵横，如虬飞蠖动，起雷霆乎指顾之间。任华、卢仝辈仿之，
适得其怪耳。太白所以为仙才也。"（《唐诗别裁集》卷六）论者多
认为此诗写于唐玄宗天宝初年（742年）秋李白第二次入长安之时，
以蜀道艰险而喻社会危机或仕途踬阂。但明人胡震亨、顾炎武则谓

李白"自为蜀咏","别无寓意"。① 毛泽东同志也指出,有人从思想性方面对《蜀道难》作各种猜测,以便提高评价,其实不必。这首诗"写得很好。艺术性很高,对祖国壮丽险峻的山川写得淋漓尽致,把人们带进神奇优美的神话世界,使人仿佛到了'难于上青天'的蜀道上面了。"②

魏晋以来,随着社会生活的发展与人的理性的觉醒(即所谓"人的自觉"),人与自然的关系开始具有丰富性、互动性和层次性。自然山水已不仅是人们赖以谋生的物质资源与社会教化的参照物,更是一种独立的审美对象和交流对象。广大文人士子能够有余暇和精力去探奇览胜,遍游名山秀水。特别是进入李唐王朝,尤其在开元、天宝(713~756年)全盛之际,社会经济空前繁荣,国家政治相对清明,从而为文人士子漫游天下提供了厚实基础。大一统的版图及四通八达的交通,不仅使文人士子有条件纵横于江源河尾,浪迹于天涯海角,而且还使他们浑身上下、诗文内外都洋溢着前代无法比拟与体验的青春活力与磅礴大气。李白就是这个时代的宠儿,是千年难遇的天之骄子。

李白在出蜀之前就遍游蜀中古驿老镇与山山水水,陟山济河,如闲庭信步,每到一处,都留下对它们的美丽颂歌。他出蜀后,仍马不停蹄,行走于黄河上下,大江南北,"脚著谢公屐,身登青云梯"(《梦游天姥吟留别》),虽风餐露宿,艰苦备尝,却如徜徉太

---

① 转引自瞿蜕园、朱金城:《李白集校注》上册,上海古籍出版社1980年版,第206页。

② 转引自陈晋:《毛泽东之魂》,吉林人民出版社1993年版,第246页。参见黄丽镛编著《毛泽东读古书实录》,上海人民出版社1994年版,第324页。

清，高吟"仙之人兮列如麻"（同上）。李白一路行来一路歌，将云雾雷电、湖光水色、风花雪月、草木禽兽以及它们所附着的天地山川、瀚海莽原、大城小邑、楼台亭榭，甚至天上的一干神仙鬼佛、地上的一众帝王将相，都统统包揽过来，化入他的诗句歌行，成为他的审美或审丑的对象。这情形，颇有"一副强横乱闯甚至带点无赖气的豪迈风度"[1]。当然，这一切都是以他对大自然的挚爱为基础的，属于他所建构的亲近大自然、深入大自然，"吾将囊括大块，浩然与溟涬同科"（《日出入行》），"独与天地精神往来"（《庄子·天下》）的瑰丽梦想。

天宝十二载（753年）秋，李白第七次漫游宣州（在今安徽），在水阳江畔的敬亭山盘桓难舍，写下《独坐敬亭山》五绝一首。是诗成为他"与溟涬同科"（与自然融为一体）、与天地对话的形象写照。诗云：

> 众鸟高飞尽，孤云独去闲。
>
> 相看两不厌，只有敬亭山。

在秋色明净的天空下，李白独坐于清澈的秋水边，一个人与敬亭山默默相守，深情对望，彼此相悦，灵犀相通……白云在天际悠悠地徘徊，不忍去打扰人

《独坐敬亭山》诗意画（选自日本《唐诗选画本》）

---

① 李泽厚：《美的历程》，文物出版社 1981 年版，第 127 页。

与山的心语交流。这无言的静谧历来不知打动了多少人的心扉。400多年后的宋宁宗庆元二年（1196年），著名词人辛弃疾在信州铅山（在今江西）瓢泉边的停云亭，也独倚秋水（芦河）看山（瓢山），写下《贺新郎》一首，与李白遥相唱和：

> 甚矣吾衰矣。怅平生、交游零落，只今余几！白发空垂三千丈，一笑人间万事。问何物、能令公喜？我见青山多妩媚，料青山见我应如是。情与貌，略相似。　一尊搔首东窗里。想渊明《停云》诗就，此时风味。江左沉酣求名者，岂识浊醪妙理？回首叫、云飞风起。不恨古人吾不见，恨古人不见吾狂耳。知我者，二三子。

近人马骀绘《庄生化蝶图》

辛弃疾的小友岳珂（岳飞之孙）在《桯史》卷三里回忆说，辛弃疾每逢宴客，"必命侍姬歌其所作。特好歌《贺新郎》一词，自诵其警句曰：'我见青山多妩媚，料青山见我应如是。'又曰：'不恨古人吾不见，恨古人不见吾狂耳。'每至此，辄拊髀自笑，顾问坐客何如"。从接受美学的角度看，辛弃疾的《贺新郎》乃以上片"我见青山多妩媚，料青山见我应如是"最得李白诗学沾霈。李白《独坐敬亭山》的旨趣实是庄子所说的"物化"。《庄子·齐物论》说，有一次庄周梦见自己变成蝴蝶怡然飞

舞,醒来后怀疑地问自己:"究竟是庄周梦见蝴蝶,还是蝴蝶梦见了庄周?"庄周的这个寓言其实在讲:只有从心理上把自己完全融入自然之中,与自然合而为一,才会体验到宇宙间真正的生命秩序。李白曾在《古风五十九首》其八中吟道:"庄周梦蝴蝶,蝴蝶为庄周。一体更变易,万事良悠悠。"李白以这个境界去看山,视山与自己为同类物,赋予山以同等的人格,这才有了"相看两不厌"的脉脉传情。至于辛词下片将古人与今人予以纵向考察,"表现出另一种豪视今古的气魄"①,则在李诗的意蕴之外了。

审美实践中有一种感情移入现象叫"移情",这其实也是中国古代美学的一个好传统。正如《周易·系辞上传》所云:"天生神物,圣人则之。天地变化,圣人效之。"李泽厚先生对此则有进一步的理解:

> 情感在科学想象中并不减为想象本身的构成、内容或动力,在日常生活和审美活动(包括欣赏的审美感受和创作的形象思维)中却不然,正是人们的主观情感、心境、意志、愿欲……自觉或不自觉地成为驱使想象飞翔的内容、动力、中介和基础。客观事物所以能成为你的审美对象,如移情说所认为,是由于你的情感移入对象,于是主客融化,物我同一。②

李白《独坐静亭山》之所以具有特别的美学意义,乃在于他是在"物我同化"的自觉意识上去进行移情,而不是以移情去造成物我同化。这便使得李白笔下的所有自然物,乃至整个宇宙都被人格

---

① 《唐宋词鉴赏辞典》修订本,上海辞书出版社 2011 年版,第 1523 页。
② 李泽厚:《美学三书》,安徽文艺出版社 1999 年版,第 529 页。

化、主观化、理想化了。所以李白漫游天下给我们展示的高山大河、花草树木、日月雷电、飞禽走兽才样样具有生命的灵动，个个溢出人性的色彩。你看他笔下的自然万象，与人亲，与人语，懂人心，解人意，真个是千姿百态、千娇百媚，惹人怜，惹人爱：

> 渌水明秋日，南湖采白蘋。
>
> 荷花娇欲语，愁杀荡舟人。
>
> （《渌水曲》）
>
> 楚山秦山皆白云，白云处处长随君。
>
> 长随君，君入楚山里，云亦随君渡湘水。
>
> 湘水上，女萝衣，白云堪卧君早归。
>
> （《白云歌送刘十六归山》）
>
> 西上太白峰，夕阳穷登攀。
>
> 太白与我语，为我开天关。
>
> 愿乘泠风去，直出浮云间。
>
> ……
>
> （《登太白峰》）
>
> ……
>
> 胡燕别主人，双双语前檐。
>
> 三飞四回顾，欲去食相瞻。
>
> 岂不恋华屋，终然谢珠帘。
>
> 我不及此鸟，远行岁已淹。
>
> 寄书道中叹，泪下不能缄。
>
> （《秋浦感主人归燕寄内》）

何处闻秋声，飕飕北窗竹。

回薄万古心，揽之不盈掬。

静坐观众妙，浩然媚幽独。

白云南山来，就我檐下宿。

……

（《寻阳紫极宫感秋作》）

花间一壶酒，独酌无相亲。

举杯邀明月，对影成三人。

月既不解饮，影徒随我身。

暂伴月将影，行乐须及春。

我歌月徘徊，我舞影凌乱。

醒时同交欢，醉后各分散。

永结无情游，相期邈云汉。

（《月下独酌四首》其一）

这些婉语流转、情思绵远的山水诗、咏物诗在《李太白集》里还有很多。用今天的话来讲，它们是以拟人化或移情法来摹景状物，抒发感情，即"先把审美主体的感情锲入客体，然后借染有主体感情色彩的客体形象来揭示审美主体的内在感情"[①]。不过，在李白那里，仍一如《独坐敬亭山》一样，是以"物化"的感觉去与笔下的对象进行平等交流，这在古代诗论中叫做"物我两忘"。南朝沈约《郊居赋》说："惟至人之非己，固物我两忘。"这个理论要求创作者全身心地放在创作对象上，"自由地展开联想"，使"审美主

---

① 《唐宋词鉴赏辞典》修订本，上海辞书出版社 2011 年版，第 1522 页。

体与对象达到水乳交融、不分彼此的境界"①。李白自觉地用庄周蝴蝶之变的高度去描绘山容水态、万物气象，将它们写得活色生香，具有人的灵气与生命的动感，使审美主体与客体实现完美合一，从而造就出中国山水文学的一座高峰。

李白是寄情于山水的大唐第一行者，是一辈子的背包客。他用自己一生不停地行走，去追求自己的梦想，以期达到"人与天一"（《庄子·山木》），实现精神的独立、心灵的自由。这个追梦的过程，使他成为状山摹水的一代巨擘。

---

① 《大辞海·中国文学卷·物我两忘》，上海辞书出版社2005年版，第39页。

第二章

十步杀人拂衣去

——任侠仗义之梦

父辈的荣光/性倜傥，好纵横术/少任侠，手刃数人/"百万一掷"与剔骨葬友/一生都在做侠客梦

一、神秘的李客

前引李白《春夜宴从弟桃花园序》曾提及李白以天地为逆旅（旅舍）的大情怀。他在出蜀后的漫游天下的旅途中，还写过一首拟古诗，蕴意相近：

> 生者为过客，死者为归人。
>
> 天地一逆旅，同悲万古尘。
>
> 月兔空捣药，扶桑已成薪。

白骨寂无言，青松岂知春？

前后更叹息，浮荣何足珍！

（《拟古十二首》其九）

是诗与《春夜宴从弟桃花园序》一致，诚然有人生如"过客"（即序文中的"浮生若梦"）之叹，但也与序文同样包含以天地为课堂、向大自然学习的积极思想。《周易·系辞上传》在叙述天地变化之理时说：

> 在天成象，在地成形，变化见矣。是故刚柔相摩，八卦相荡，鼓之以雷霆，润之以风雨；日月运行，一寒一暑……《易》与天地准，故能弥纶天地之道。仰以观于天文，俯以察于地理，是故知幽明之故；原始反终，故知死生之说。

太白楼（安徽马鞍山采石矶）

这段文字告诉人们大自然是不断变化的，这变化是有规律的，也是永恒的，由此形成它的丰富性、包容性及对立统一的面貌。通过对大自然的观察，也便会明白人世间的一切事理。正是从这层意义讲，大自然是人类的课堂。走进大自然可以学到生活中不易学到的东西，懂得生活中不易懂得的道理，从而增长应对困难的才干，包括应对苦难的本领。李白正是在行走天下的过程中深刻地感受到天地之变的永恒法则，方才会有"浮荣何足珍"的人生归纳。不过，李白的那首拟古诗在作人生思考之外，也在发

思古之幽情，凭吊包括父亲李客在内的天地间的过往远行客。①

前举宣歙池等州观察使范传正撰《唐左拾遗翰林学士李公新墓碑并序》叙李白父亲李客情况时说，他在"神龙初，潜还广汉，因侨为郡人。……以逋其邑，遂以客为名。高卧云林，不求禄仕"，这里赋予了李客极为神秘的色彩。后人一定会问：他为什么要偷偷地"潜还"，"以逋其邑"？他是凉武昭王李暠②之后，可他这一脉后来为什么会谪居碎叶？而李客自己到底是什么人，竟使李白有口难言，一直不愿公开其详？

范传正序里所言广汉，系汉代郡名，这里实指唐代绵州。李白出生的绵州昌隆县青廉乡其时地处僻远，虽风光秀丽却人烟稀少。李客拉扯他这一家子名门之后万里辗转入蜀，不去绵州、梓州或者昌隆等相对发达的城邑，却来到堪称为深山老林之处的地方隐姓埋名，当然令人生疑。因此历来为此争讼不少。

陈寅恪先生在《李太白氏族之疑问》一文中，将李白先人移居西域"肯定为因罪窜谪"。③

郭沫若先生在《李白与杜甫》一书里不赞同陈先生之说。他认为，细检有关李白家世的文字（如范传正《李公新墓碑并序》、李阳冰《草堂集序》），其实并无李的祖上曾因罪窜谪西域的事实。尽管《草堂集序》中有"中叶非罪，谪居条支"的话，但古代（这里

---

① 《列子·天瑞》云："古者谓死人为归人，……则生人为行人矣。"《古诗》载无名氏《青青陵上柏》又言："人生天地间，忽如远行客。"李白因在《拟古十二首》其九有曰："生者为过客，死者为归人。"

② 天宝二年（743年）三月，唐玄宗追先祖、凉武昭王李暠为兴圣皇帝。参见《新唐书》卷五《玄宗本纪》。

③ 参见郭沫若：《李白与杜甫》，人民文学出版社1971年版，第9页。

指上古至中古）"凡由汉民族居地移住外域"，都可以说成是"窜谪或降居"；再说唐代并没有将伊犁附近作为"窜谪罪人之地"（唐代窜谪之地主要在岭南或贵州、四川）。因此李白的先人移居碎叶并非"因罪窜谪"，而是"被某种社会环境所迫，自行流亡"。①

对于范序中李客"以逋其邑"之"逋"，按语境，当视为"逃亡"之意，即所谓"逋逃""逋客"。李客可能就属于逃亡之列。陈寅恪先生认为，李白父亲之所以名客，是因为"西域之人其名字不通于华夏，因以胡客呼之，遂取以为名，其实非自称之本名也"。②

周勋初先生肯定陈寅恪先生的假设有一定道理；同时又指出，陈寅恪以为李客是胡人，"故称之为'胡客'，实则范《碑》仅言其名为客，没有任何材料可以用来说明旁人有称之为'胡客'的"③。周勋初先生还说：

> ……范《碑》也表明，李白之父的本名已佚，这里称作"客"，只是表示其外来户的身份，这一词汇的用法与古代的惯例相合。像《战国策》等书中，常用"客"字作为外来人的代词，《古诗十九首》之十八曰："客从远方来，遗我一端绮。相去万余里，故人心尚尔。"李白之父的情况与此相合。他本居住在西域，直到武后时方携家入蜀。从其出生之地而言，万里跋涉至此，可谓他乡作客，而从本地人的眼光看来，则是"客从远方来"了。④

---

① 参见郭沫若：《李白与杜甫》，人民文学出版社1971年版，第9页。
② 陈寅恪：《李太白氏族之疑问》，载《清华学报》第10卷第1期，1935年1月。
③ 周勋初：《李白评传》，南京大学出版社2005年版，第30页。
④ 周勋初：《李白评传》，南京大学出版社2005年版，第29~30页。

对于范传正《李公新墓碑并序》一文中李客"神龙初，潜还广汉……"一节，王琦《李太白年谱》曾引《杜诗补遗》中的一段话以备考。《杜诗补遗》释范序说："白本宗室子，厥先避仇，客居蜀之彰明。"此处宗室子指李白乃陇西凉武昭王李暠之后（即如《新唐书·李白列传》所云为兴圣皇帝九世孙），而李唐王室也自称系出陇西（《旧唐书·高祖本纪》载：唐高祖李渊"其先陇西狄道人，凉武昭王暠七代孙也"）；那么，李白与王室则为同宗。① 只是，李客或李白何以将这个可以引以为傲的关系避而不谈呢？其间原因或许有二。

第一，即如周勋初先生所识，李客、李白这一脉因辗转流亡，可能谱牒无存，所以无法去与王室认祖归宗。②

第二，即如安旗先生申《杜诗补遗》之说，李白的父亲李客或许是一位有命案在身的"侠士"，因"任侠杀人"而"避仇"，"其仇家属于可畏的豪门权贵"③。这是他不敢去与李唐宗室攀亲叙故，而悄悄率家人跑到偏僻的西蜀昌隆的青山丛林中隐居的一个致命原因，也是李白对父亲历史乃至姓名都讳莫如深的难言之隐。这就难怪李白会在他的诗文里只字不提父亲李客，其亲友介绍他的家世亦不得不用曲笔。不过，安旗先生认为：

> 李客任侠杀人的详情虽不得而知，但从他避居穷乡僻壤，隐姓埋名，终其一生看来，绝不属于欺压贫贱，侵凌孤弱是可

---

① 据《唐会要》卷六十五《宗正寺》载，天宝元年（742 年）七月二十三日，唐玄宗曾下诏让李暠之后"绛郡、姑臧、敦煌、武阳等四公子孙，并隶入宗正寺，编入属籍"。这说明李唐王室认可与李暠之后的同宗关系。

② 参见周勋初：《李白评传》，南京大学出版社 2005 年版，第 24 页。

③ 安旗：《李白纵横探》，陕西人民出版社 1981 年版，第 11～14 页。

以断定的。……李客的任侠杀人是属于扶危济困或伸冤雪仇，而不是仗势欺人。①

我们说李白避而不谈父亲经历，但并不是说李白对父亲就没有感情。相反他内心对父亲充满了炽热的爱。这在他的诗文里多少透露出一些信息。比如他在天宝十二载（753 年）所作《秋于敬亭送从侄耑游庐山序》里就深情地写道：

余小时，大人令颂《子虚赋》，私心慕之……

这一段话告诉我们：李白的父亲是颇有文化素养的，也擅长教子育子，为李白的文化养成奠定了良好基础，以致李白在成为盛唐时期受千万人追捧的大文人之后，仍难以忘怀儿时父亲的谆谆教诲。

其实，李白在心底深处更敬佩父亲任侠好义的行为而引以为荣光。请看他的《侠客行》：

赵客缦胡缨，吴钩霜雪明。

银鞍照白马，飒沓如流星。

十步杀一人，千里不留行。

事了拂衣去，深藏身与名。

……

"十步杀一人"，是说所向披靡，行千里而无所阻挡……父辈飒爽英姿，豪迈胆气呼之欲出，令人热血澎拜而扼腕拊髀。我们想，诗中的赵客，实际就是李白的父亲李客。李白托名于赵客而行歌颂李客之实，对父亲充满了深情的怀念和炽热的崇敬。应该说，李白后来的任侠仗义，除受当时世风的影响之外，也跟他的侠客父亲有

---

① 安旗：《李白纵横探》，陕西人民出版社 1981 年版，第 14 页。

着密切关系。这或者可视作为家学渊源吧！

二、从赵蕤学纵横术

李白的任侠仗义有两位老师，除父亲李客对其有具体的耳濡目染外，梓州（治郪县，即今四川三台）隐士兼纵横术士赵蕤的耳提面命则给与他大局观与理论层面上的丰富营养。

赵蕤字太宾，又字云卿，梓州盐亭（今四川盐亭）人，主要活动于唐玄宗时代。① 传说其先祖是西汉宣帝时蜀中著名易学大师赵宾。五代孙光宪撰《北梦琐言》卷五称其"博学韬钤，长于经世。夫妇俱有节操，不受交辟"。益州（治今四川成都）大都督府长史苏颋向朝廷举荐人才，在其《西蜀人才疏》中言"赵蕤术数，李白文章"，将赵、李视为"蜀中双璧"。赵蕤至少比李白大13岁，且在开元四年（716年），即李白16岁时，赵便编写出一部在谋略界引起震动、具有纵横家气象的奇书——《长短经》（又称《反经》），因为它着眼于经国治世、帝王权谋，后来还有人呼之为"小《资治通鉴》"。清代乾隆皇帝十分看重它，曾为之题诗曰：

> 郪县创为救弊论，爱憎殴业匠和函。
>
> 向时虽类纵横说，忱末原归理道谈。
>
> 宋刊弄自教忠堂，通变称经曰短长。

---

① 关于赵蕤的生卒年，主要有二说：一为约生于武则天垂拱四年（688年），卒于唐肃宗至德二载（757年），享年70岁；一为生于唐高宗调露（679～680）年间，卒于唐代宗宝应元年（762年）以后，享年80余岁。参见李梅训、巩日国译注《长短经》，中华书局2010年版，前言第1页。

比及乱时思治乱，不如平日慎行王。

卷原称十今失一，总目翻看余一篇。

既是梓州善经济，不应辟召又何焉。

津瀛文苑继家声，四库搜罗俾赞成。

邂逅世臣献遗简，向年论学忆西清。

赵蕤的《长短经》其实很杂，包罗儒、法、纵横诸家，有人遂以"杂家"视之。其实，在儒者看来，它讲王道讲为政，是儒家治国之学（赵蕤自己也称它为"儒门经济长短经"）；在法家看来，它讲霸道讲权谋，乃"事功之学"；在纵横家看来，它讲因时制变，当是"策士诡谲之谋"；而在任侠仗义者眼中，它却是驰侠使气，行走天下，杀身谋国的教科书。

纵横家与任侠仗义的游侠、刺客早在战国时代就开始结盟，甚至连为一体。① 司马迁《史记》有《游侠列传》《刺客列传》二传，其中不少重诺守信的侠客、刺客（二者相近，可视为同类）其实都是在纵横家的摇唇鼓动下走上为主子、为国家也为正义献身的不归路的。有的刺客本身就属纵横家之列，典型者如荆轲。《史记·刺客列传》述说他在刺秦王之前的早期经历：

荆轲者，卫人也。其先乃齐人，徙于卫，卫人谓之庆卿。而之燕，燕人谓之荆卿。荆卿好读书击剑，以术说卫元君，卫元君不用。

荆轲在卫、燕间到底忙碌什么呢？其实就是用纵横术去搞国家

---

① 周勋初先生在《李白评传》中说："纵横家和游侠本是各不相谋的，但到汉代之后，二者开始结合。"其将纵横家与游侠的结合定在汉以后，不确。参见周勋初：《李白评传》，南京大学出版社2005年版，第212页。

间的联盟。南朝刘宋裴骃《史记集解》引《吕氏春秋·剑技》注"荆卿好读书击剑"一句说："持短入长，倏忽纵横"，便指出荆轲的刺客兼纵横家的身份。

　　而李白十分崇拜的大纵横家鲁仲连（又称鲁连、鲁仲子）也具有侠客轻财重义而又谦退让（隐）的气质。《史记·鲁仲连邹阳列传》记载他两件大事：一是秦借长平之战全歼赵40余万大军之威东围邯郸，魏安釐王派出将军晋鄙救赵（后者"畏秦，止于荡阴不进"），却又派客将军新垣衍潜入邯郸，让国相平原君劝说赵孝成王尊秦昭王为帝（实际承认秦国为宗主国），以罢围赵之师。此时鲁仲连正好游赵，与新垣衍展开一场舌战，言若尊暴秦为帝，"则连有蹈东海而死耳"。新垣衍被鲁仲连的义节及理性分析所打动，再不敢说帝秦的事。"秦将闻之，为却军五十里。适会魏公子无忌夺晋鄙军以救赵"，击败秦军，解了这场困局。于是平原君欲封降服新垣衍、提振赵国士气的鲁仲连，可是他再三不受；又"以千金为鲁连寿，鲁连笑曰：'所贵于天下之士者，为人排患释难解纷乱而无取也。即有取者，是商贾之事也，而连不忍为也。'遂辞平原君而去，终身不复见。"第二件大事发生在此事20多年（一说10余年）后，燕将攻下齐国聊城而据守，齐国大将田单率军想夺回聊城，却一年多都难以攻下，士卒伤亡惨重。鲁仲连于是用帛写了一封书信，用箭射入城中，义劝燕将，晓以利害，语重心长。燕将见书，连哭三日后便自杀了。田单乘势夺回聊城，回来后论功行赏，要给鲁仲连官爵。殊不知鲁仲连已经逃隐海上，还说："吾与富贵而诎于人，宁贫贱而轻世肆志焉。"这两件大事，让千年以后的李白感动得不得了，专门作诗歌颂他。

也就是在千年之后，在与李白所在的绵州紧邻的梓州也出了一个颇有鲁仲连气节的纵横家赵蕤。他将任侠仗义之学与长短纵横之术嫁接并糅为一体，构成《长短经》中的一条引人注目的主线，引得李白不断造访、叩问、揣摩、把玩。宋人计有功《唐诗纪事》卷十八引东蜀杨天惠《彰明逸事》说李白从"任侠有气"的赵蕤学纵横术长达一年多（应在赵蕤隐居的郪县长平山安昌岩）。这时间或许还要长一些。因为李白在《上安州裴长史书》中曾提及他与逸人东岩子曾经同隐于岷山之阳的匡山——这是李白的家乡。杨慎《李诗选题辞》即指出东岩子就是赵蕤。（参见《升庵集》卷三）

那么，李白究竟向赵蕤学到了什么呢？揆度李白的一生，至少有四点。

首先是傲礼。《长短经》卷八《杂说》之《傲礼》说："古人以傲为礼"。这是为什么呢？答曰"欲彰于人德者耳"，"可以重人矣"。我们看李白在长安为翰林供奉时期的状态："曾令龙巾拭吐，御手调羹，贵妃捧砚，力士脱靴"（辛文房：《唐才子传·李白》）；"天子呼来不上船，自称臣是酒中仙"（杜甫：《饮中八仙歌》）……真个是"以傲为礼"！不过，李白的本意却不是用以彰显别人的美德，而是由内而外的独立精神、自由思想使然。故由此而为人重，而不是"重人"（使别人受尊重）。唐人刘全白说他"性倜傥"（《唐故翰林学士李君碣记》）。这既是《庄子》中获得心灵自由的真人、至人、圣人形象，也是战国时代独往独来，"相忘于江湖"（《庄子·大宗师》）的侠士形象、刺客形象。

其次是霸道，赵蕤在《长短经自序》中解释霸道说："夫霸道者，驳道也。……期于有成，不问所以；论于大体，不守小节。"

赵蕤这里的"霸道"要点，用现在的大白话讲，就是想要做好事情，实现梦想，就应不问过程，只求结果；不要端着架子放不下来，有必要时也可以抹开面子装孙子。条条大路通罗马啊！赵蕤又在《长短经》卷一《文上》之《论士》里阐述说："行远道者假于车马，济江海者因于舟楫。故贤士之立功成名，因于资而假物者。"这意思就是大凡贤能之士立功成名，都需要外在的帮助。我们看李白出蜀以后的行藏：四处干谒，递交诗文，出入豪宅，广交朋友，不遗余力地推荐自己而不怕碰壁，其目的就是为了求得"车马""舟楫"的帮助。所以郭沫若说他有庸俗的一面，闻一多说他没有人格。[①] 开元十七年（729 年），李白在安州（治今湖北安陆）因酒醉未及回避李长史的乘驾，遭到后者的当场训斥。李白酒后赶忙写了一篇《上安州李长史书》表达歉意，并称颂李长史的宽怀大度、悲天悯人，似乎一副摇尾乞怜的样子。今天来看，李白其实是在活学活用老师赵蕤教的霸道加纵横术哩！西谚有云：鹰可以飞得像鸡那样低，而鸡永远不能飞得像鹰那样高。

其三是志大。赵蕤在《长短经》卷二《文中》之《德表》引《文子》说："凡人之道，心欲小，志欲大，智欲圆，行欲方，能欲多，事欲少。"这六条原则是"先王所以守天下也"。该篇引《文子》的话解释所谓"志大"，就是"兼包万国，一齐殊俗，是非辐辏，中为之毂也"（以实现天下万国的根本利益为己任，在纷纭杂乱的是非面前要有主心骨）；又解释所谓"智圆"说："终始无端，

---

① 参见闻一多：《杜甫》。载《古诗神韵》，中国青年出版社 2008 年版，第 178 页。

方流四远，深泉而不竭也"（要圆融通达，不去追究起点，也不规定终点，目光远大，思想深邃，才能行走四方）。赵蕤还在该书卷一《文上》之《政体》中提出"知时"的命题，即所谓"审于时，察于用"。他引范蠡及管子的话加以注释道："时不至，不可强生，事不究，不可强成。""圣人能辅时，不能违时。语曰：圣人修德，以待时也。"其中心意思就是要讲时宜，审时度势，相机而变。这是对"智圆"的延伸解释。不用说李白是熟知这一点的。他给李长史的及时道歉便证明了这一点。但他毕竟胸怀大志，所以在这封道歉书里也不失时机地讲明自己的志向，申明自己的才能，自比祢衡、嵇康而冀其赏识。有人说赵蕤是对李白的事业心的第一个影响者。[①] 其实未必，因为李白应该还接触到大谈事业心的孔孟经籍。但《长短经》中讲"志大"、讲"圆通"、讲"知时"的思想对李白事业心的形成与践行产生过重大作用，也是事实。

其四是任侠（以"侠义"自任）。赵蕤在《长短经》卷三《文下》之《正论》的自注里说："游侠之本生于武，毅不挠，久要不忘平生之言，见危受命，以救时难，而济同类，以正行之者，谓之武义。"（游侠出身于坚毅刚强的武士阶层，不忍心拒绝他人，于危急时接受请求，对自己的承诺铭记在心，拼了性命也要替他人排忧解难，或者帮助有同样需求的人。以这样的正气行走天下者，可以称之为义侠。）在《长短经》卷三《文下》的《是非》篇里，赵蕤还引《史记·游侠列传》里的话，肯定"以正行之"的义侠"言必

---

① 参见檀作文：《大唐第一古惑仔李白实录》，当代中国出版社 2007 年版，第 118 页。

信"、"行必果"，"已诺必诚，不爱其躯，赴士之厄困，羞伐其德"（应允了的诺言一定认真兑现，不惜牺牲自己而去解救士人君子于困境之中，做了好事却不留姓名）的正能量，认为他们为社会所作出的积极贡献，远大于季次（即孔子的学生公皙哀）、原宪（庄子笔下独处陋室而弦歌者）这类读书人（尽管他们也是"读书怀独行，议不苟合当世"的正人君子）。《长短经》的这些关于义侠的议论，无疑使青年李白心窍大开，充满底气。他在《侠客行》里放声吟诵燕赵之地的任侠之士，向他们致以千年以后来自大唐盛世的热情敬礼：

> ……
>
> 闲过信陵饮，脱剑膝前横。
>
> 将炙啖朱亥，持觞劝侯嬴。
>
> 三杯吐然诺，五岳倒为轻。
>
> 眼花耳热后，意气素霓生。
>
> 救赵挥金槌，邯郸先震惊。
>
> 千秋二壮士，烜赫大梁城。
>
> 纵死侠骨香，不惭世上英。
>
> 谁能书阁下，白首《太玄经》？

诗中歌颂的朱亥、侯嬴都是战国时代的魏国人。魏安釐王二十年（公元前257年），魏派将军晋鄙率10万大军去解赵都邯郸之围（时被秦军围困），但他却在荡阴（今河南汤阳）畏葸不前。侯嬴便向信陵君魏公子无忌献计，设法通过安釐王的宠姬如姬窃得兵符，并荐朱亥衣袖藏40斤重的铁椎，击杀晋鄙，夺得兵权，从而在邯郸城外50里处大破秦军。赵国遂安。在这个著名的"窃符救赵"故

李白画像（选自明万历刻《三才图会》）

事中，侯嬴与朱亥起了关键作用。明人朱谏揭示李白《侠客行》是段"言侠客之雄，自古得名者，莫如侯嬴与朱亥……相结于无事，守死于危难。然诺之重，山岳为轻；既醉之后，眼花耳热，意气慷慨，有若虹霓，勃然横发于心胸，可以充塞乎宇宙。义勇之声，震惊一国。……虽死而无愧也！"① 而李白对以侯嬴、朱亥为代表的燕赵侠士（是侠士兼纵横家类型）的认识，则当来自《史记》与他的老师赵蕤编著的《长短经》。

当然，《长短经》提供给李白的营养资源并不止于此；诚如前述，还包括立志、做人、经国治世的帝王之术等等。赵蕤在《长短经》自序里写道："……当代之士，驰骛之曹，书读纵横，则思诸侯之变；艺长奇正，则念风尘之会。此亦向时之论，必然之理矣。"确乎如此。李白后来的回忆也提及《长短经》对其人生道路的影响："试涉王霸略，将期轩冕荣。"（《经乱离后天恩流夜郎忆旧游书怀赠江夏韦太守良宰》）这"王霸略"，就是李白在《代寿山答孟少府移文书》里所说"申管晏之谈，谋帝王之术"中的"帝王之术"。林邦钧先生说，李白豪放的性格和叛逆不羁的精神以及由此延伸出来的英雄主义，

---

① 参见詹锳主编《李白全集校注汇释集评》，百花文艺出版社 1996 年版，第 493～494 页。

其实乃是战国纵横家和侠义之士的思想在新的历史条件下的融合和发展；李白对战国豪杰义士侠士精神进行了深化。① 葛景春先生认为：李白的诗歌写得纵横捭阖，颇具奇气，明显受到纵横家风气和兵法的影响。② 罗宗强先生还指出：赵蕤在《长短经》里讲时宜的思想，已深入到李白心里，所以，他幻想由布衣而直致卿相。③

对于老师的启沃之恩，李白是终生不敢忘的。开元十四年（726 年）秋，李白游吴会（今江苏苏州地区）后回到维扬（今江苏扬州地区）。其时因任侠使气，千金散尽，却衰疾来袭，且功业无成，思乡之情油然而生，但首先想到的还是恩师赵蕤。他在这一年有《淮南卧病书怀寄蜀中赵徵君蕤》④ 诗一首往赠：

> 吴会一浮云，飘如远行客。
>
> 功业莫从就，岁光屡奔迫。
>
> 良图俄弃捐，衰疾乃绵剧。
>
> 古琴藏虚匣，长剑挂空壁。
>
> 楚怀奏钟仪，越吟比庄舄。
>
> 国门遥天外，乡路远山隔。
>
> 朝忆相如台，夜梦子云宅。
>
> 旅情初结缉，秋气方寂历。

① 参见林邦均：《李白的纵横家思想与风格》，载《北京师范大学学报》1986 年第 1 期。

② 参见葛景春：《李白与赵蕤的〈长短经〉》，载《中日李白研究论文集》，中国展望出版社 1986 年版。

③ 参见罗宗强：《也谈李白与〈长短经〉》，载《中国李白研究》（1990 年集·下），江苏古籍出版社 1991 年版。

④ 按"徵君"系时人对赵蕤之敬辞。汉以来对不就朝廷徵聘之士呼为"徵君"或"徵士"。

风入松下清，露出草间白。

故人不可见，幽梦谁与适？

寄书西飞鸿，赠尔慰离析。

诗中的故人，显然指赵蕤。是诗在向家乡的恩师表达感念的同时，又在作自我反省，对出蜀一年多来的不顺心与功业无成（辜负了老师的期望）作了自我批评；不过在自惭与失意之外，也有一份淡定与昂扬。李白知道他其时正处于繁花似锦前的春寒期。冷落的萧寂很快就会被长鲸吞海的大场面取代。李白胸怀理想，并不会轻易退缩。他飞鸿西蜀，不过是想请老师分享他的幽梦而已。

三、以侠自任

李白病中寄赵蕤诗中的"幽梦"指什么呢？不用说是事功问题，任侠问题等等。而李白当时最想向老师赵蕤倾诉的当是任侠问题，因为老师本人就具有义侠风范；再说李白飞鸿寄诗（开元十四年）之前，曾在维扬"轻财好施"，尽显任侠之气（以致囊中羞涩），需要向老师汇报、交流。这样来看，李白此时（26岁）的梦想中，最为突出的还是如何纵横天下，行侠仗义而骋任侠之怀。

李白在当时士人眼中除了具有仙风道骨（是"谪仙人"）以外，就是任侠使气。吴汝宾先生说，李白人生观的特质有两条：一是"合仙侠为一人"，二是"快乐"。[1] 而亦仙亦侠的体验也是李白"快乐"之源，或者至少是源头之一吧！吴汝宾以及胡适等人在20世纪20年代中叶的论著中都认为在唐代诗人中，李白最具仙风侠

---

[1]　参见吴汝宾：《李白》，载《文艺》第1卷第1期、第2期，1925年1月。

骨。此外，在现代学者中，曾毅先生也较早地注意到李白的"侠士"风骨。他在 1922 年出版的《中国文学史》中说，李白"青年时侠骨棱棱，不顾细谨，不拘小节，气若盖一世。故言用兵，则先登陷阵，不以为难；语游侠，则白昼杀人，不以为非；语功名，则谈笑静沙，不以为意……"

这事情最早是由李白的学生魏颢在为李白诗文集所作《李翰林集序》里的一段文字引起的。该序刻画了他眼中的李白形象：

> 眸子炯然，哆如饿虎，或时束带，风流蕴藉。……少任侠，手刃数人。

这是魏颢于天宝十三载（754 年）夏在广陵（今江苏扬州）及金陵（今江苏南京）与李白接触后的记录。其时李白的侠客风度，在魏颢心中一定是印象极深的。所以在他的笔下，才会有如此生动的叙述和几近夸张的描绘。

那么，李白究竟杀没杀过人呢？在那个时代，真能像李白《侠客行》中所叙述的"事了拂衣去"，丝毫没有麻烦吗？根据对其时其地情形的分析，答案当是肯定的，而且看来事后确实没有大麻烦。

李白平时是带刀剑出行的。无论少壮之时还是迟暮之年，都是刀剑不离身，束带而行。他在天宝六载（747 年）所作《留别广陵诸公》诗中开篇即言：

> 忆昔作少年，结交赵与燕。
>
> 金羁络骏马，锦带横龙泉。
>
> 寸心无疑事，所向非徒然。
>
> ……

李白于至德二载（757 年）正月加入永王璘幕府后所作《在水

军宴赠幕府诸侍御》诗里亦云：

......

　　宁知草间人，腰下有龙泉。

　　浮云在一决，誓欲清幽燕。

......

　　李白诗集中多次提及他的"龙泉"，说明他很钟爱这一象征侠客身份的锐兵器。"龙泉"即"龙渊"宝剑，为《越绝书》卷十一所记欧冶子、干将于茨山所铸三枚上等铁剑之首。唐代因避高祖讳而改称"龙泉"。李白在开元十三年（725 年）出蜀时携带的应该就是他常说的龙泉剑。但是否就是真的龙泉宝剑，不得而知，反正李白对它是爱不释手，赞赏有加。或许这就是他父亲李客使用过的，他因此视之为父辈的荣光而继承下来。只是李白少时"手刃数人"是不是就是这把剑，却不好说。李白的好友、被杜甫与李阳冰名为"饮中八仙"之一的崔宗之曾有《赠李十二》①诗说李白："袖有匕首剑，怀中茂陵书。双眸光照人，词赋凌《子虚》。"这里说李白常袖短兵器匕首，似乎准备随时与人近距离格斗。天宝八载(749 年)，李白在《叙旧赠江阳宰陆调》诗中曾回忆他在第一次游长安（约在开元十八年至十九年）期间有一场斗殴：

......

　　风流少年时，京洛事游遨。

　　腰间延陵剑，玉带明珠袍。

　　我昔斗鸡徒，连延五陵豪。

---

　　①　按：李白在族兄弟中排行十二，友人故称李十二。

邀遮相组织，呵吓来煎熬。

君开万丛人，鞍马皆辟易。

告急清宪台，脱余北门厄。

……

此段大意说：李白在游长安北门（或长安平安里北门，为诸妓所聚之处）时，被一群斗鸡徒及纨绔子弟（五陵豪，即白居易、罗隐笔下的五陵儿、五陵年少）围攻，苦战不支之时，具有延陵季子（札）遗风的陆调于万人丛中拼力解救，并在宪台（御史台）的帮助下最终脱离险境。是诗虽是褒扬旧友陆调拔刀相助的侠义丰姿，却也泄露出青年李白好斗逞勇（可以想见当时是路见不平，解救被欺压妇女①）的一面；而他能在万众（当然是夸张之辞）恶少的乱军之中还能撑持到陆调赶来支援，可见功夫极为了得。

李白对自己的斗殴，甚或伤人、杀人是不以为耻的。他在《赠从兄襄阳少府皓》诗中说："托身白刃里，杀人江尘中"；在《结客少年场行》中说："笑尽一杯酒，杀人都市中"；在《白马行》中说："杀人如剪草，剧孟同游遨"……他在写这些文字的时候，脑海想必浮现出那些他顶礼膜拜的战国义侠出生入死有如太空漫步，刀溅飞血恍若山花烂漫的画面。今人看来，李白内心一定具有严重的暴力倾向，或以暴力为美；但在那时的李白眼中，确乃侠肝义举，是急人之急，解民于倒悬。在他看来，只要自己认为正确，出于维

---

① 孟斜阳先生搜集的一段民间传说可为此作注脚：李白早年游成都，曾撞见一群恶少欺侮织锦姑娘。他遂挺身而出，怒斥恶少，被后者团团围住。李白挥舞佩剑，将这群流氓打得落荒而逃，从而解救了织锦女。参见孟斜阳：《绣口一吐，就是半个盛唐：李白诗传》，华中师范大学出版社2012年版，第51页。

护正义的目的（秉承了父亲的性情），该出手时就出手，不向恶少让半分。这就是范传正《李公新墓碑并序》里的"以侠自任"的李白。由此看来，魏颢《李翰林集序》里讲的李白"手刃数人"，大致不虚。那是李白向他讲的真实的故事，可能属于他侠客生活中最初的荣耀，因此念念在怀，津津乐道。

只是所谓"手刃数人"，并非就杀掉了数人，或许指的是伤了数人。由于这是他少年任侠的一段美好时光，所以免不了要夸大其辞——就像他在《侠客行》中描绘的赵客（可能是他父亲李客的形象）："十步杀一人，千里不留行"①，痛快淋漓，使人大呼过瘾；但稍微一想，乃庄子式的浪漫瑰想而已。

不过，即便是伤了数人，也属违法乱纪，要遭到官府处罚的。《唐律》有"斗殴伤人""斗殴折齿毁耳鼻""兵刃斫射人""斗故杀人"诸罪，按轻重等级分别处以笞刑、杖刑、徒刑、绞刑、斩刑等。② 可是李白何以在"手刃数人"之后还会逍遥法外？周勋初先生认为，李白当时犯事是在其家乡西蜀之地，而"西蜀边鄙，群山阻隔，中央政权的统治力量相对来说比较薄弱，法令的执行也就比较松懈，这才可能出现杀人不受惩治之事"③。此说似可以解释李白"手刃数人"而逃脱处罚之谜。至于周先生又指李白"家本是地方上的豪强———一户从远方胡地迁来的豪强"④，笔者却不敢苟同。须

---

① 典出《庄子·说剑》：庄子对赵文王说："臣之剑，十步一人，千里不留行。"晋人司马彪注曰："十步与一人相击，辄杀之，故千里不留于行也。"

② 参见刘俊文：《唐律疏议笺解》，中华书局1996年版，第1468～1481页。

③ 周勋初：《李白评传》，南京大学出版社2005年版，第71页。

④ 周勋初：《李白评传》，南京大学出版社2005年版，第220页。

知李白的父亲李客尽管可能是当地首屈一指的有钱人、大富翁，却不太会是依仗权势横行不法者（即所谓豪强。《汉书·田延年传》证曰："诛锄豪强，奸邪不敢发"）。这是因为李客可能属于有命案负身而"避仇"的逃亡者，岂敢如此招摇？范传正《李公新墓碑并序》言其"高卧云林，不求禄仕"，正符合一个正常逃亡者低调行事的状况。而我们还可以进一步猜想：正是由于李白"手刃数人"（即便只是伤人而已），从而引起李客不安。这也便促成了李白在25岁上的"杖剑去国，辞亲远游"（《上安州裴长史书》），其中未必没有"避仇"的意味——就像他父亲当年那样。而他出蜀以后直到终老客死他乡，37年间从未回过故乡一趟，"避仇"或许就是一个原因吧？

四、男儿重意气

李白出蜀后的人生轨迹呈现出三条平行线：一是继续求道寻仙兼游自然山川；二是干谒豪门，希冀辅弼帝王；三是一如故我，驰侠使气，践行义侠之梦。

李白衣冠冢（安徽马鞍山采石矶）

李白心中的侠客是重义轻财、重诺存交的。他于开元十八年（730年）所作的《上安州裴长史书》便谈了刚出蜀一两年间所做的两件事：

襄昔东游维扬，不逾一年，散金三十余万，有落魄公子，

悉皆济之。此则是白之轻财好施也。

又昔与蜀中友人吴指南同游于楚，指南死于洞庭之上。白禫服恸哭，若丧天伦。炎月伏尸，泣尽而继之以血。行路闻者，悉皆伤心。猛虎前临，坚守不动，遂权殡于湖侧，便之金陵。数年来观，筋骨尚在。白雪泣持刃，躬申洗削，裹骨，徒步，负之而趋。寝与携持，无辍身手，遂丐贷营葬于鄂城之东。故乡路遥，魂魄无主，礼以迁窆，式昭朋情。此则是白存交重义也。

第一件事谈的是李白于开元十四年（726 年）春至年底，在初游扬州不到一年的时间里，为接济穷困失意的读书人，将从家里所带 30 余万钱慷慨散尽，使自己也暂时陷入身无分文的尴尬境地。30 余万钱的概念是什么呢？唐人杜佑《通典》（成书于德宗贞元十七年，即公元 801 年）卷三十五《职官十七》载，开元二十四年（736 年）六月定官员薪水："一品月俸料八千，食料千八百，杂用千二百，防阁二十千，通计三十一千。二品月俸六千，食料千五百，杂用一千，防阁十五千五百，通计二十四千。三品月俸五千，食料千一百，杂用九百，防阁十千，通计十七千。……七品月俸千七百五十，食料三百五十，杂用三百五十，庶仆千六百，通计四千五十。"① 这就意味着：李白在不到一年时间里花光的 30 余万钱，相当于当时一品大员 10 个月、二品大员近 13 个月、三品官员近 18 个月的俸禄；而对七品官员而言，则相当于将近 70 个月（合 5 年又

① 据《新唐书》卷四十六《百官志一》，三师（太师、太傅、太保）、三公（太尉、司徒、司空）为正一品。尚书省尚书令为正二品，属下六部（吏、户、礼、兵、刑、工）尚书皆正三品。又据《新唐书》卷四十九下《百官志四下》，按人口规模划分的中等县县令为正七品上，中下县县令为从七品上，下等县县令为从七品下。

10个月）的俸禄。这30余万钱要买多少大米呢？宋人司马光《资治通鉴》卷二百一十二"玄宗开元十三年（725年）"条载："是岁，东都斗米十五钱"①。这就是说，李白抛洒的30余万钱要买大米2万多斗即24万余斤（唐代1斗合12斤）。这该是多少人的口粮啊！又，唐人于逖《灵应录》载："纸商陈泰供应一僧，二年不倦。忽一日，僧谓曰：'尔有多少口，几许金便足？'陈曰：'弟子幼累二十口，岁约一百缗粗备。'"1缗合1000钱，100缗即10万钱。这就是说，唐代一般平民的平均生活费大约1年为5000钱。李白不到一年花销的30余万钱足够60人生活一年。

李白为接济穷书生，确是够大方的了。李白哪来这么多钱呢？起码有两条渠道：一是家庭支持；二是稿费收入。

郭沫若先生说李白的父亲是一位富商，是商人地主，是有一定道理的。他认为李白"至少有一兄一弟在长江沿岸的重要码头上经商，他家的商业范围是相当宽广的，不仅超出了绵州，而且超出了四川"②。郭沫若先生所依据的材料是李白在肃宗至德二载（757年）春于寻阳狱（因从永王璘案）中所作《万愤词投魏郎中》诗，其有"兄九江兮弟三峡"句。郭沫若先生认为李白在九江的"兄"与在三峡的"弟"都依靠长江运输之便而经商。郭沫若先生讲，李家的商业规模相当大。它在长江上游和中游分设两个庄口，一方面把巴蜀的产物运销吴楚，另一方面又把吴楚的产物运销巴蜀。郭沫若先生写道，李白37年间在外地"长时期的漫游浪费，没有富厚

---

① 《资治通鉴》卷二百一十四"玄宗开元二十八年"条又载："西京、东都米斛直钱不满二百"，即两京米价为斗米不到二十钱。

② 郭沫若：《李白与杜甫》，人民文学出版社1971年版，第19页。

的后台是不能想象的。后台所在，不就是九江坐庄的'兄'和在三峡坐庄的'弟'吗？"①

我们说李白有稿费（唐代称润笔或润毫）收入，是根据相关记载（包括民间传说）并比较唐代其他知名文人的已知情况推定的。宋人李昉等编《太平广记》卷二百五十五引唐人卢言《卢氏杂说》："唐宰相王玙好与人作碑志，有送润毫者，误扣右丞王维门。"《新唐书·李华列传》称李华："晚事浮图法，不甚著书，惟天下士大夫家传、墓版及州县碑颂，时时赍金帛往请，乃强为应。"元稹《白氏长庆集序》言白居易之诗受欢迎度："鸡林贾人，求市颇切。自云：'本国宰相，每以百金换一篇。其甚伪者，宰相辄能辨别之。'"②《旧唐书》卷一百三十七《李益列传》说李益"长为歌诗，贞元末与宗人李贺齐名。每作一篇，为教坊乐人以赂求取，唱为供奉歌词。"

王玙名声不好，《新唐书·王玙列传》说他"托鬼神致位将相"。他大概也不是诗人，《全唐诗》未见有他的诗。不过因为他爱装神弄鬼，可能擅写青词，造成碑版也写得不错。他借着皇帝的专宠（他先后担任玄宗、肃宗两朝祠祭使，肃宗朝中书侍郎同中书门下平章事、太子少师）到处给人作碑志，赚取了大量稿费。李华是有名的散文家，与萧颖士齐名，其《吊古战场文》《含元殿赋》等为世称道。他因在安禄山攻陷长安后迫署伪职而被朝廷贬官，一直心怀愧疚；以后勉强替人写些碑版，言辞深婉，所收金帛相应也不

---

① 郭沫若：《李白与杜甫》，人民文学出版社1971年版，第23页。
② 按鸡林即新罗，朝鲜半岛古国。唐高宗龙朔三年（663年）置新罗为鸡林州，以新罗王法敏为都督。参见《旧唐书》卷一百九十九上《东夷列传》。

差。李白死后，他也替李白写过一篇墓志，但不知收没收过李家的钱。以他对李白的敬重，想必不会收。作为中唐有名的大诗人白居易，其诗语言通俗，相传老妪也能听懂。宋人敖陶孙评曰："白乐天如山东父老课农桑，言言皆实。"（《诗人玉屑》卷二）所以鸡林国的行商将白诗带回国去卖给宰相等大官，每篇取百金。由是，则行商向白居易索诗自当付钱，想来也不会少。李益是中唐出色的边塞诗人，《征人早行篇》《夜上受降城闻笛》《塞下曲》等被人绘成图画。他长于七绝，音律和美，适合歌唱，每写完一首，宫廷乐师就争着买下来，用雅乐谱上曲，唱给皇上听。他从乐师那里收入当不菲。

王玙、李华、白居易、李益的诗文都可以卖上钱，那么，声名远播的大唐第一诗人李白则自当盛名之下，收获更丰。前已有述，李白年轻时即蜚声西蜀，绵州刺史（即李白《上安州裴长史书》中所说的广汉太守）欲向朝廷推荐他与东岩子参加制举有道科的考试，未果。又有益州大都督府长史苏颋向朝廷举荐人才，称"赵蕤术数，李白文章"，将他与老师并举。按：此苏颋即玄宗朝与张说（燕国公）并称"燕许大手笔"的大才子、文章高手许国公。苏颋在益州时就知道李白的才名，对其文笔赞誉有加。他对群僚曰："此子天才英丽，下笔不休……若广之以学，可以相如比肩也。"（李白：《上安州裴长史书》）益州大都督府督益、绵、简、嘉、陵、雅、眉、邛八州并茂、巂二都督府，相当于今天的西部四川。时大都督为亲王遥领，长史实为地方最高军政长官。（苏颋其时亦按察节度剑南诸州）既然作为益州地方的一把手兼全国数一数二的大文章家的苏长史都说李白是天纵之才，堪与相如比肩，那么其属下及

西蜀有头有脸的人物自当趋之若鹜了。加之李白的书法也极好，①当时西蜀无出其右者，可以想见，那时每当李白游成都之际，他的诗文墨宝该多么抢手！

成都至今还流传着一个故事，说当年李白游此地时，常住在一条小巷的客栈里，客栈旁就是字画铺，李白不时要到这里逛逛。有一天，他发现字画铺好像在办丧事，就过去关心，发现是老板刚过世，留下他的未亡人——一位老妪面对着一筐卖不出去的白绫团扇发愁。他便自作主张，提笔去把那一大筐白团扇画上些山水花鸟，又题上诗文相配，叫老妪再拿出去卖，并说："一把扇子三斗米，三天内卖不出去，我赔你扇子。"老妪平时不常出门，不知道眼前这位风流倜傥的年轻人就是名气很响的李太白。她半信半疑地把这一筐带有漂亮书画的团扇摆到门口，嘴上还嘟囔着："十把扇子也不值一斗米呀，怎么漫天要价呢！"可他没料到的是，有人一看见是李太白题写的书画扇，二话不说，就出了三斗米的价买一把团扇，而且很快打起了拥堂，不到一会儿功夫，一筐扇子足有四五十把就全部卖光了。最后几把还哄抬到每把五斗米呢！这下老妪紧缩的愁眉舒展开来，因为丈夫生前欠下的债可以还清了。她赶紧去客栈找李白道谢，可李白此时已离开成都走了。以后天天都有人一拨

---

① 宋人编《宣和书谱》卷九著录书法家李白："……至其名章俊语，郁郁芊芊之气，见于毫端者，固已逼人，是岂可与泥笔墨蹊径者争工拙哉！尝作行书，有'乘兴踏月西入酒家不觉人物两忘身在世外'一帖，字画尤飘逸，乃知白不特以诗著也。今御府所藏五：行书《太华峰》《乘兴帖》，草书《岁时文》《咏酒诗》《醉中帖》。"在先，唐人裴敬在其《翰林学士李公墓碑》中已有云："又于历阳郡得翰林《与刘尊师书》一纸，思高笔逸。"可见唐宋间人皆称誉李白书法以"飘逸"见长。

一拨地来，要出更高的价买李白的书画扇，然而李白却再也没有出现过，或许他就是这时候出的蜀。李白自号青莲居士，人们便将他住过的这条小巷改名青莲巷（在今人民南路红照壁街与纯化街之间）。① 直到 21 世纪初，青莲巷因城市建设而被拆除。

李白的诗歌与前举白居易、李益相比，音节和谐铿锵，更具音乐性，被乐府及伶妓取入歌曲，抚诸丝竹者最多。这就是任华所云："新诗传在宫人口，佳句不离明主心。"（《杂言寄李白》）有人搜捡《全唐诗》卷二十四、二十五、二十六、二十七、二十八诸卷《杂曲歌辞》和卷二十九《杂歌谣辞》的五六百首诗歌谣，发现李白诗歌达 46 首之多，在全部诗歌谣作者（有姓名者计 388 人）中位列第一。② 这些诗歌谣都是当时传唱歌曲的词文，作曲家为之谱曲，歌唱家用来歌唱，一般是要付费的。从李白诗入曲数为冠的情况看，再加上他的鼎鼎大名的有力支撑，其稿费收入也当名列前茅才合情理。

李白不仅是大诗人、书法家，也是大文章家，宋蜀刻本《李太白文集》存其文章 66 篇，赋、表、书、序、赞、颂、铭、记、碑、文各体皆有，多为佳作。与他同时代的诗人任华（《全唐诗》卷二百六十一存有三首长诗）有《杂言寄李白》赞曰："古来文章有能奔逸气，耸高格，清人心神，惊人魂魄。我闻当今有李白，《大鹏赋》，鸿猷文；嗤长卿，笑子云。"与他同时代的另一位文士、诗选家殷璠也说李白文章"率皆纵逸"（《河岳英灵集》卷上）。不过我

---

① 参见《中国民间故事集成·四川卷》上册，中国 ISBN 中心 1992 年版，第 209～210 页；四川省文史研究馆编《成都城坊古迹考》（修订版），成都时代出版社 2006 年版，第 218 页。
② 参见李斌城主编《唐代文化》上卷，中国社会科学出版社 2002 年版，第 93 页。

们翻检李白留存下来的这些美文华章，有许多都与他的志向、梦想无关，特别是为佛教寺院、和尚居士写的赞、颂（李白虽也与和尚交往，读了点佛经，但骨子里终归是一个仙人、一个老庄信徒，按理不该去为佛教卖力吆喝），为地方官员写的碑、铭，虽也写得热闹精彩，但读来总少些性灵之气，不是从心底流淌或迸发出来。其个中原因，自当与鬻文有关。

李白可能还替人取名来挣钱。这个推测，是根据晚唐袁郊一篇题为《许云封》的文章作出的。这篇文章讲，许云封是德宗贞元（785～804 年）年间的一位擅吹笛子的乐师，是天宝（742～755年）年间著名宫廷乐师李謩的外孙。他的名字，就是李白取的。天宝初，李謩得了外孙，十分高兴，"乃抱诣李白学士，乞撰令名。李公方坐旗亭，高声命酒"。随后李謩即"送酒"来。李白喝了美酒，趁着酒兴在婴儿胸前写了四句话："树下彼何人，不语真吾好。语若及日中，烟霏谢成宝。"李謩不解其意，李白解释道："此即名在其间也。'树下人'是木子，木子李字也。'不语'是莫言①，莫言謩也。'好'是女子，女子外孙也。'语及日中'，是言午，言午是许也。'烟霏谢成宝'，是云出封中，乃是云封也，即李謩外孙许云封也。"（《甘泽谣》）。是文言李白在受领李謩酒后，方"握管醉书"。李白饮酒每以斗量。当时斗酒至少值钱三百（杜甫诗云"速来相就饮一斗，恰有三百青铜钱"），倘折合成米价（斗米十五钱～二十钱），则可买米 15 斗至 20 斗。若按王维诗"新丰美酒斗十千"

---

① 2012 年诺贝尔文学奖得主、当代中国作家莫言（笔名）这个笔名，就应该典出袁郊《许云封》此语。

（李白亦云"金尊斗酒沽十千"）推算，李白斗酒的价值，足够买500至660斗大米了。李白仅替人取名字便获利如此丰厚（这里尚未包括李暮还可能以现金形式支付的取名费），更不用说他给人写讲好话的文章了。

檀作文先生说："李白为了支付巨大的消费，就得不断地去写歌功颂德的文字。"[1] 开元天宝间的李白名满天下，上自皇亲贵戚，下至官员、和尚、士绅纷纷傍李求文，以显荣耀。李白替他们写文章搞宣传，收取报酬，供自己花销（如饮酒）兼济天下寒士，当是顺理成

清·裴尊生绘《将进酒图》

章的事。而李白在《将进酒》（大约写于天宝十载前后）中所言"千金散尽还复来"也不是夸张，不是吹牛，不是在作酷酷的人生思考，而是在说大白话、大实话，是有底气支持的。这个底气，就是他拥有比较稳当而充实的经济来源：一是长袖善舞的父兄的商业帝国；二是曼妙生花的如椽大笔。也正是因为拥有这个底气，使他能够为相识或不相识的朋友慷慨解囊，大把大把地撒银子；也可以与朋友一起，大块吃肉，大碗喝酒——恰如他在《将进酒》里所歌的："烹羊宰牛且为乐，会须一饮三百杯。"真是壮士豪情，侠客心

---

① 檀作文：《大唐第一古惑仔李白实录》，当代中国出版社2007年版，第43页。

肠，落落风神，浩浩襟怀。几十年后，"以处士自终其身……而高视当代"（《唐才子传》卷六《张祜》）的诗人张祜写诗怀念李白，中有"男儿重意气，百万呵一掷"（《梦李白》）句，将李白的"轻财好施"引为美谈。

在李白"散金三十余万"的对象中，可能有一位重要朋友，即他在《上安州裴长史书》中提到的蜀中友人吴指南。李白应该在西蜀时就与他相识相知，意趣相投，彼此以兄弟相称。但李白与他是结伴出蜀还是在楚地邂逅，不得而知，但"同游于楚"，则是肯定的。他俩他乡遇旧知，当然十分高兴，于是携手由北至南畅游荆楚，最远到达过苍梧（今湖南九嶷山及以南地区）；又南折登衡山，游岳阳，畅游八百里洞庭，其乐融融。孰料二人正欲买舟东下金陵—扬州之际，就在洞庭湖边，吴指南却因病不治，溘然西去，令李白"若丧天伦"（如同死了亲弟兄）。时值炎夏，李白伏尸痛哭，接连好几天，眼泪流干了，继而溢出血来。路人无不为之动容而扼腕叹息。凶猛的老虎也跑来守在尸首旁，真是"虎视眈眈，其欲逐逐"（《周易·颐卦》）。但李白却置之不理，只管一个劲儿地独自悲怆，使得老虎无从下口，最后悄然离去。李白祭悼结束后，便倾其囊中铜钱，在洞庭湖畔租借到一间小屋，将吴指南的灵柩暂时寄放于此，① 然后，乘船前往金陵（今江苏南京），开始亡友未竟之旅。三年后，即开元十六年（728 年），李白返回洞庭湖边查看吴指南遗体，发现亡友筋肉尚存，不禁悲

---

① 李白《上安州裴长史书》所谓"权殡"即此。所谓"殡"，殓而未葬也。《北史》卷九十四《高丽列传》载高丽风俗："死者殡在屋内，经三年，择吉日而葬。"

从心来。他边哭边用随身不离的匕首一点一点地剔尽筋肉，将尸骨用湖水洗净，背在身上，一步一步地沿长江东北而上，一路上夙兴夜寐，尸骨不离身边，终于抵达江夏（治今湖北武昌）。由于此时李白因"轻财好义"，已散光所有金钱，只得举债葬友，将吴指南安葬于鄂城（即武昌）东郊。此情脉脉，山水依依，"故乡路遥，魂魄无主，礼以迁窆，式昭朋情。此则是白存交重义也"（《上安州裴长史书》）。

顺便指出的是，李白剔骨葬友之举，大约沿袭的是他以前的南方少数民族的"拾骨葬"或称"洗骨葬"、"捡金葬"的作法，在考古学上则称为"二次葬"。夏鼐先生等学者认为，这起源于原始初民的灵魂不死信仰——灵魂能超越血肉永远存在。所以人死后，须待其血肉腐朽脱落，遗体成为干净的骸骨，才能作正式的最后埋葬，使其灵魂进入鬼魂世间。早在母系氏族公社和父系氏族公社时代，二次葬习俗就已形成并盛行起来，如在黄河流域的仰韶文化遗址，发现大批二次葬墓，分单人二次葬和集体二次葬两种形式。其后，以男子为中心的二次合葬墓在南方出现的更多。①《隋书·地理志下》载荆州"蛮左"葬俗："敛毕，送至山中，以十三年为限。先择吉日，改入小棺，谓之拾骨。……拾骨者，除肉取骨，弃小取大。"该书又言：荆州"蛮左""颇与巴、渝同俗"。李白将荆州"蛮左"拾骨葬"权殡"十三年的时间，改为三年，即与东北高丽民族葬俗相同。这说明李白不仅"受到南蛮文化

---

① 参见完颜绍元编著《中国风俗之谜》，上海辞书出版社 2002 年版，第 243 页。

的影响"①，而且还对北方少数民族文化有兴趣。这与他出蜀后三年间接触到大量南北人士而眼界大开有关。当然，李白从中亚碎叶一路走来，对少数民族文化具有天然的亲近感，也是不难理解的。

五、终生未了的侠客情结

李白大约在开元二十一年（733 年）至开元二十六年（738 年）期间，写过一首《少年行》②，怀念早年"东游维扬"时的热血侠客行止：

> 君不见，淮南少年游侠客，白日球猎夜拥掷。
>
> 呼卢百万终不惜，报仇千里如咫尺。
>
> 少年游侠好经过，浑身装束皆绮罗。
>
> 兰蕙相随喧妓女，风光去处满笙歌。
>
> 骄矜自言不可有，侠士堂中养来久。
>
> 好鞍好马乞与人，十千五千旋沽酒。
>
> 赤心用尽为知己，黄金不惜栽桃李。
>
> 桃李栽来几度春，一回花落一回新。

---

① 周勋初：《李白评传》，南京大学出版社 2005 年版，第 70 页。周勋初先生在《李白评传》第 221 页~222 页还引清康熙间编《四川总志》的记载，说李白的母亲或许是"蛮人"，虽无法证实，"但李白一家生活的地区内有蛮族杂居"，则是可以肯定的。"李白特有的豪侠之风"，当与李白早年受"蛮族"影响有关。

② 李白此诗当写于开元二十一年（733 年）至开元二十六年（738 年）之间。理由一：李白在 39 岁前，曾两次游过扬州。首次在开元十四年（726 年），即他在《上安州裴长史书》里提及的"散金三十余万"那次。此诗是对该次游侠生活的快乐回忆。理由二：李白第二次游扬州时在开元二十七年（739 年），其时因访友人不遇而作《寄淮南友人》诗，中有"空持宝剑游"句，已失首次游扬州时的喧嚣与热烈。故《少年行》诗当系在开元二十七年之前。理由三：据《旧唐书》卷三十八《地理志一》，开元二十一年分天下为十五道，各置采访处置使。其中淮南道采访使理扬州。以淮南指代治所扬州，当从开元二十一年始。故李白《少年行》的写作时间上限当在开元二十一年。

府县尽为门下客，王侯皆是平交人。

男儿百年且乐命，何须徇书受贫病？

男儿百年且荣身，何须徇节甘风尘？

衣冠半是征战士，穷儒浪作林泉民。

遮莫枝跟长百丈，不如当代多还往。

遮莫亲姻连帝城，不如当身自簪缨。

看取富贵眼前者，何用悠悠身后名。

　　此首歌行，传
递出这样几个
信息：

　　首先，李白总
其一生虽是亦道亦
仙亦侠的综合体，
但至少在开元十四

李白塑像（江油李白纪念馆）

年游维扬期间，是以纯粹的"少年游侠客"面目出现的。他与淮南少年游侠客一起吃肉喝酒，偎红依翠，寻欢作乐，无所忌惮，呼啸而来，蜂拥而去的风流生活，一直是他心中难以忘怀的记忆，每每想起，仍觉血脉偾张。

　　其次，"以侠自任"乃是李白本色之一。为朋友两肋插刀，轻财好施，存交重义是其为人处世的一贯原则，也是其幸福与快乐源泉之一。今人所谓"赐人玫瑰，手有余香"即此。所以他高兴地说："赤心用尽为知己，黄金不惜栽桃李。桃李栽来几度春，一回花落一回新。"他的古道热肠，使其旧雨新知，一拨接一拨，可谓朋友遍天下。开元二十三年（735年）这一年，李白应友人元演之

83

郭子仪画像（选自明弘治刻《历代古人像赞》）

邀北游并州（治今山西太原西南古城营），恰遇小兵郭子仪触犯军规当重处。他当即出面缓颊，使郭子仪得以幸免责罚。22 年后，郭子仪成为关内河东副元帅，配合回纥兵从安庆绪、史思明手中夺回长安、洛阳，因功迁中书令，后又进封汾阳郡王。这位郭汾阳也是一副侠肝义胆，知恩图报。当李白因附永王李璘罪面临砍头危险时，"汾阳以功成官爵请赎翰林，上许之，因免诛"（裴敬：《翰林学士李公墓碑》）。所以说好人有好报，乃是亘古不变之理。而李白之所以能"识郭汾阳于行伍间"（同上），则是其侠义心肠使然也。

华山（陕西）

李白以侠义知人、识人，也以侠义信人、用人。李白收有一个叫武谔的徒弟，其为人质朴沉稳而武功高强，颇有春秋时义侠高渐离之风。天宝十四载（755 年）"安史之乱"发生后，李白由华山南奔宣城，再往越（今浙江）中，秋隐居于庐山屏风叠。这期间他的两个子女伯禽（弟）、平阳（姐）一直陷于东鲁（指兖州任城县，今山东济宁），两地远隔而烽火连天，令李白寝食难安。但他自己却要照顾宗夫人，于是便将穿

越战区接回子女的任务交与门徒武谔去办。这事情发生在唐肃宗至德元载（756 年）。李白在这一年写有《赠武十七谔》诗纪其事，其序文说，"余爱子伯禽在鲁"，武谔"许将冒胡兵以致之。酒酣感激，援笔而赠"。这应该是在武谔出发前的壮行酒宴上写给他的诗，诗云：

马如一匹练，明日过吴门。

乃是要离客，西来欲报恩。

笑开燕匕首，拂拭竟无言。

狄犬吠清洛，天津成塞垣。

爱子隔东鲁，空悲断肠猿。

林回弃白璧，千里阻同奔。

君为我致之，轻赍涉淮源。

精诚合天道，不愧远游魂。

诗中"林回弃白璧"，典出《庄子·山木》：假国（春秋时晋属国）之民林回逃亡中放弃价值千金的玉璧，而背负婴儿奔走。有人问："是为钱吧？婴孩值钱少；怕沉重吗？婴孩又比玉璧重多了。究竟为啥呢？"林回正然回答：不为利，而是做父亲的责任罢了。李白对比林回之事而生发愧疚，说战乱令千里阻隔，使我不能做到这事，可是武谔却要去帮我完成它；虽前途难料，生死未卜，但毕竟已合天道（实际是尽人道），武谔则尽了侠义之道，也使可以释怀了。而武谔此行果然不负生死之托，将李白的一双儿女从东鲁完好地带到安全地带保护起来，从而完成了他的承诺。李白与武谔虽互以师徒相称，却都以侠自任，惺惺相惜，旦旦相信，这在侠客间是平常事，却成就了中国文化史上的一段佳话。

现在再回过头来说李白那首《少年行》，它还让我们认识到处

于"少年游侠"时期的李白，不谙世事，目空一切，轻王侯轻儒士轻传统，只讲哥们儿义气，只讲现实功利，只讲眼前快活风流，而不顾理化名节，不管身后骂名，因而令礼法之士大跌眼镜，许多人干脆就说这首《少年行》并非李白所为。如明人朱谏《李诗辨疑》就直言"此之少年者，粗俗妄诞，如病狂失心之徒，语无伦次，若出恍惚，而叫嚣不已之态，使人丧其所守"云云。其实这般痛快淋漓的话语，毫无遮拦的文字，正符合"少年游侠客"的秉性，确是一直以大鹏自诩、以仙侠自居的李白自胸臆迸发而出，并无伪诗嫌疑。再说该诗中不少观点，不少句式，可与并无争议的李白其他诗文相照应。仅举其中"王侯皆是平交人"句为例，就可在李白于开元二十三年（735 年）前后随州（在今湖北）所写《冬夜于随州紫阳先生餐霞楼送烟子元演隐仙城山序》中觅得踪影。该序中有"出则以平交王侯，遁则以俯视巢、许"句。而"平交王侯"乃是李白做人的一贯原则。其实，他有时甚至对王侯漠然视之或者戏谑之，如对高力士。对此，周勋初先生有着透辟认识。他认为，李白的"高傲品性，自我期许，均出自内心，绝非一些妄自尊大的文人做作得出来的，也非一些志趣不高的狂生所可比拟。他的平交王侯，有道家哲学中齐小大的理论为基础，有纵横家的待时而出扭转危局的自信为支撑，每从神仙家俯视一切的视角看待现实中的芸芸众生，又从前时许多大政治家的生活事迹中寻求激励。这些因素的累积，也就构成了李白独具一格的豪迈不羁的气势"[1]。

在前时的大政治家中，李白最崇拜鲁仲连（又作鲁连、鲁仲

---

[1]　周勋初：《李白评传》，南京大学出版社 2005 年版，第 391 页。

子），将他视为纵横家的杰出前辈并兼游侠客的立世楷模。《史记》卷八十三《鲁仲连邹阳列传》开篇就讲：

> 鲁仲连者，齐人也，好奇伟俶傥之画策，而不肯仕宦任职，好持高节。游于赵。

这正是纵横家并及游侠客的画像，也兼具道家与神仙家的范儿：是既入世又出世，既胸怀天下又拒绝功名利禄；既解救社稷庶民于倒悬，又不受羁绊，保持人格独立和精神自由。这令李白佩服得五体投地。他在天宝五载（746年）写的《留别鲁颂》吟道：

> 谁道太山高？下却鲁连节。
>
> 谁云秦军众？摧却鲁连舌。
>
> 独立天地间，清风洒兰雪。
>
> 夫子还倜傥，攻文继前烈。
>
> 错落石上松，无为秋霜折。
>
> 赠言镂宝刀，千岁庶不灭。

司马迁在记述鲁仲连功成（退秦救赵，说燕助齐）身退后的"太史公曰"中叹道："鲁连其指意虽不合大义，然余多其在布衣之位，荡然肆志，不诎于诸侯，谈说于当世，折卿相之权。"唐人司马贞"索隐述赞"也说："鲁连达士，高才致远。释难解纷，辞禄肆志。齐将挫辩，燕军沮气。"难怪同样"高才致远"的李白达士要为之击节叫好，用最热烈而明快的词汇高声讴歌他并激励自己。①据统计，鲁仲连的名字在李白诗文中出现的次数位居他倾力誉美的

---

① 署严沧浪、刘会孟者评点《李太白集》载明人批语称此诗："劲快似刘公干，第无甚大惊人处耳。落落数语颂古美今，只觉精悍之气射人眉宇。此等笔仗应推太白独步。"

战国人物（包括策士、谋臣、君主、卿相、门客、侠士）之首，多达 19 次。他特别对鲁仲连辞谢赵平原居的千金酬报、齐田单的论功封爵，"倾慕到了崇拜的程度"①。他的《古风五十九首》其九也是一首专门歌颂鲁仲连的诗：

> 齐有倜傥生，鲁连特高妙。
>
> 明月出海底，一朝开光曜。
>
> 却秦振英声，后世仰末照。
>
> 意轻千金赠，顾向平原笑。
>
> 吾亦澹荡人，拂衣可同调。

李白极度崇拜鲁仲连功成后毅然逃隐的仙侠（亦仙亦侠）之风而引为"同调"（同声相应），并说自己也是"澹荡"（无欲无羁）之人，所以要像心中的偶像一样，在干出一翻轰轰烈烈的大事后，可以潇洒地拂衣而去，驾鸾鹤，蹑清芬，跑到海上去做唐代的鲁仲连。

值得注意的是，李白写这首展示其做唐鲁连之梦诗（"齐有倜傥生"）的时间，正是他"学剑来山东"后的第二年，即开元二十九年（741 年）。上年，开元二十八年，李白携子女移居东鲁，遂有《五月东鲁行答汶上翁》诗，其在又一次称颂鲁仲连并表示其接武之志（"我以一箭书，能取聊城功。终然不受赏，羞与时人同"）前，谈及"顾余不及仕，学剑来山东"。李白曾在《与韩荆州书》中说自己"十五好剑术"，至开元二十八年，已是具有 25 年剑龄的老剑客了，为什么还要来山东学剑呢？无非就是提高剑术，精益求精罢了，以便能圆其唐鲁连之梦。当时山东有一位击剑名人、射虎能手

---

① 参见裴斐：《李白与历史人物》上，载《文学遗产》1990 年第 3 期。

裴旻。他曾追随幽州都督孙佺北伐奚人，被奚人围困。裴旻立在马上，手中大刀抡得飞圆。对方飞蝗般的弓箭都被他砍断。奚人被他的英勇震慑住，落荒而逃。传说裴旻舞剑，直令天地惊，鬼神泣。后来唐文宗在太和元年（827年）将李白诗歌、张旭草书、裴旻剑舞，称为"三绝"（《新唐书·李白列传》）。为了能向这位剑术大师取得真经，李白不惜将家从湖北安陆千里辗转迁来东鲁。李白曾经写信给裴旻说："如白，愿出将军门下。"（裴敬：《翰林学士李公墓碑》）

李白"鲁连梦"的内涵，也就是唐代少年游侠梦的内涵。这个梦，从本质上讲，是将个人的理想融化于济世扶危的实践之中，讲求"言必信，行必果，诺必诚"，在国家危急关头挺身而出，敢于担当，勇于捐躯，因此可以说是爱国梦。与此相应，这个梦还以"不矜其能，羞伐其德"为标志，讲求功成身退，不图回报，更不允许贪恋荣华富贵——这是司马迁在《史记》中给游侠定的调，[1]因此说到底还是侠客梦。

李白为了能圆自己的"鲁连梦"，学武甚勤，专心致志，日夜操练，无论剑术、射术功夫倍增，且膂力过人。天宝十二载（753年）秋冬之交，李白已是53岁的年龄，仍武艺高超，身体壮实。此时北部边地"胡虏"不断骚扰南侵；安禄山则在幽州（治蓟县，在今北京城西南隅）秣马厉兵，蠢蠢欲动。社会不安，动荡日甚。李白刚从幽州归来，对国家危局心知肚明，报国之情也愈加炽烈。他在宣城（今安徽宣州）作《赠宣城宇文太守兼呈崔侍御》的长诗中

---

[1] 司马迁《史记》卷一百二十四《游侠列传》说："今游侠，其行虽不轨于正义，然其言必信，其行必果，已诺必诚，不爱其躯，赴士之厄困，既已存亡死生矣，而不矜其能，羞伐其德，盖亦有足多者焉。"

表明了这种心迹。你看他如何夸赞自己：

……

怀恩欲报主，投佩向北燕。

弯弓绿弦开，满月不惮坚。

闲骑骏马猎，一射两虎穿。

回旋若流光，转背落双鸢。

胡虏三叹息，兼知五兵权。

镗镗突云将，却掩我之妍。

多逢剿绝儿，先著祖生鞭。

据鞍空矍铄，壮志竟谁宣？

……

转背落双鸢（选自明万历刻《唐诗画谱》，原为王昌龄《观猎》附图）

是诗以东汉老将马援自况，谓自己尚处矍铄（勇健）之身（马援请缨时已六十二，而李白其时比他还小九岁），抱志抑抑，希望宇文太守与崔侍御伺机推荐，以期能上前线杀敌靖边，安定社稷，不要辜负了他这一身好功夫，一副好身板。

其实唐代特别是初、盛唐的诗人文士大多身体好，会武功——而这则是在青少年时期打下的基础。我们看李白的好友杜甫，他在《壮游》诗里写他25岁那年的少年行：

......

> 放荡齐赵间，裘马颇清狂。
>
> 春歌丛台上，冬猎青丘旁。
>
> 呼鹰皂枥林，逐兽云雪岗。
>
> 射飞曾纵鞚，引臂落鹙鸧。

......

杜甫在夔州（治今重庆奉节东）时（时已满56岁），还写过一篇题为《醉为马坠，诸公携酒相看》的诗，云：

> 甫也诸侯老宾客，罢酒酣歌拓金戟。
>
> 骑马忽忆少年时，散蹄并落瞿塘石。
>
> 白帝城门水云外，低身直下八千尺。
>
> 粉堞电转紫游缰，东得平冈出天壁。
>
> 江村野堂争入眼，垂鞭嚲鞚凌紫陌。
>
> 向来皓首惊万人，自倚红颜能骑射。

......

这些诗篇传达出的信息说明杜甫青少年时是一名骑射兼备，技艺高超的游侠儿，至晚年还能驰骋校场，雄风犹在。

初、盛唐时期的一般诗人、文士之所以不像封建社会其他时期的大多数文人那样肩不能挑，手不能提，一副弱不禁风的模样，主要是两方面的因素促成的。

第一，初、盛唐时期的人们普遍重视体育锻炼，对人体的审美也相应以健康强壮为标准。唐代社会特别是初、盛唐时期，人文主义气氛浓郁，社会经济繁荣，国家上下都普遍重视生活质量，重视提高生命质量，包括足球、马球、毽子、秋千在内的各项运动开展

得蓬蓬勃勃。杜甫《清明二首》其二说"十年蹴鞠将雏远，万里秋千习俗同"。此外，武则天时期开始的武科考试，还使包括骑马、射箭在内的军事体育走进寻常百姓家。在这样的大环境里，唐人对人体的审美标准也与此前的汉晋有很大变化。荷兰人高罗佩在对唐代服装与绘画进行充分研究的基础上，这样描述道：

> 至于当时人们理想的美男和美女，你会注意到，男人追求的是赳赳武夫式的外表。他们喜欢浓密的须髯和长髭，崇尚强健的体魄。文武官员都学习射箭、骑马、剑术和拳击，擅其术者备受赞扬。①

也正是在这样的氛围下，初、盛唐的"少年诗人"们争先练剑习武，锻炼体魄，可谓人人有雄风，个个美少年。请听崔颢《侠客篇》：

> 少年负胆气，好勇复知机。
>
> 仗剑出门去，孤城逢合围。
>
> 杀人辽水上，走马渔阳归。
>
> 错落金锁甲，蒙茸貂鼠衣。
>
> 还家行且猎，弓矢速如飞。
>
> ……

再听王维《寒食城东即事》：

> ……
>
> 蹴鞠屡过飞鸟上，秋千竞出垂杨里。

---

① ［荷兰］高罗佩：《中国古代房内考》中译本，上海人民出版社1990年版，第189页。

少年分日作遨游，不用清明兼上巳。

元人辛文房撰《唐才子传》里还记有初、盛唐其他"少年诗人"好体育，善骑射，身心健康的事迹，如——

陈子昂："任侠尚气，弋博。"

王翰："神气轩举。"

王之涣："少有侠气……击剑悲歌，从禽纵酒。"

张继："丰姿清迥。"

……

既然社会上下均以体魄雄健、武功高强为美，作为引领时代潮流的"少年诗人"自不会落人后，这是无须多言的。

第二，唐代特别是初、盛唐时代尚武成风，侠气漫溢，整个社会涌动着为国家建功立业的浪潮。"保卫边塞去"——是"唐人为祖国立功的英雄气概的向往"。[①] 时代要求和推动着"少年诗人"必须练好身体，学好武功，方能有条件去冲锋陷阵，沙场杀敌，为国家效力。王维早年锐意进取，风华烁烁。他在《赠从弟司库员外絿》中自述"少年识事浅，强学干名利"。他的七绝组诗《少年行四首》与《陇头吟》以及《老将行》《燕支行》（其自注"时年二十一"）里所展示的"咸阳游侠""长安少年游侠客""关西侠少"等，都不是那些不学无术、游手好闲的纨袴子弟（王维对此十分鄙夷，他在《故人张湮工诗善易卜兼能丹青草隶，顷以诗见赠聊获酬之》诗里说"不逐城东游侠儿"），而是神采奕奕，朝气勃勃，有的虽也有香车宝马、美酒靓女相伴，却是志在千里，轻生报国，仗剑

———————————

① 林庚：《中国文学简史》，北京大学出版社 1995 年版，第 206 页。

从军，渴望建功立业的好儿郎。

李颀在《缓歌行》里则写道："男儿立身须自强，十年闭户颍水阳。"他在嵩阳（今河南登封）颍水北岸"闭户"的十年间，除了折节读书，还习剑练武。他在《塞下曲》里歌道：

> 少年学骑射，勇冠并州儿。
>
> 直爱出身早，边功沙漠垂。
>
> 戎鞭腰下插，羌笛雪中吹。
>
> 膂力今应尽，将军犹未知。

李颀与高适、岑参、王昌龄并称"高岑王李"（《唐音癸签》卷五），为盛唐四大边塞诗人之一。四大边塞诗人的领军人物高适少年时代练就了一身好武艺，所以后来能数次奔赴塞外戍边，终"以诗人为戎帅"（《旧唐书·高适列传》）。他在《送浑将军出塞》中长啸出一代"少年诗人"的侠心剑胆："塞下应多侠少年，关西不见春杨柳。从军借问所从谁，击剑酣歌当此时。"

岑参也同李颀一样，少年时代居于颍阳及嵩山，既读书，亦习武。天宝八载至天宝十载（749～751年）、天宝十三载（754年）至至德二载（757年）两度戍边西北，在轮台（今新疆轮台）、北庭（今新疆孚远）等地战斗、生活了整整六年。他鄙薄肩不能扛枪，力不能放箭的文弱书生："丈夫三十未富贵，安能终日守笔砚。"（《银山碛西馆》）他在沙场高声放歌："功名只向马上取，真是英雄一丈夫。"（《送李副使赴碛西官军》）

王昌龄出身下层人民。他在《上李侍御书》中说："久于贫贱，是以多知危苦之事。……昌龄岂不解置身青山，俯饮白水，饱广道义，然后谒王公大人希大遇哉？"他于开元十五年（727年）考中进

士，授秘书监校书郎。可是，他并不满足于此，不久即投笔从戎，奔赴西北边关，在萧关、临洮、碎叶等地军营中，与将士们同甘共苦，并肩杀敌。他在《答武陵田太守》中写道："仗剑行千里，微躯感一言。曾为大梁客，不负信陵恩。"可见他与同时代的"少年诗人"一样，也是侠骨铮铮，仗剑行天下的。他在《少年行二首》其二中有吟："走马远相寻，西楼下夕阴。结交期一剑，留意赠千金。"是少年侠气与报国情怀，再加上一身好武艺，使他与血染沙场的将士们同仇敌忾，感同身受。他的边塞诗，既有悲歌慷慨（如"黄沙百战穿金甲，不破楼兰终不还"），又有柔肠百结（如"更吹羌笛关山月，无那金闺万里愁"），表达自己的情怀，更为将士们歌唱！

其实，不独高、岑、王、李等边塞诗人，可以说初、盛唐几乎所有的"少年诗人"都拥有一定的武功（当然高低不同）和健康的体魄，所以他们出游能射猎，行侠能拳脚，上前线能杀敌立功。如骆宾王，闻一多先生说他"天生一副侠骨，专喜欢管闲事，打抱不平，杀人报仇，革命，帮痴心女子打负心汉"①。又如陈子昂，卢藏用《陈氏别传》说他"奇杰过人，姿状岳立，始以豪家子，驰侠使气"。

又如张说，虽与苏颋并称"燕许大手笔"，以诗人享誉文坛，且是一代名相，却难掩其戎帅本色。开元元年（713 年），他曾献佩刀与唐玄宗，暗示玄宗杀太平公主，平息了一场政治危机。开元七

---

① 闻一多：《宫体诗的自赎》，载《唐诗杂论》，山西古籍出版社 2001 年版，第 12 页。

年（719年），张说"以右羽林将军检校幽州都督，入朝以戎服相见。帝大喜，授检校并州长史，兼天兵军大使"。他军功显赫，"为文属思精壮"，更为可贵的是"敦气节，立然许，喜推藉后进，于君臣朋友大义甚笃"（《新唐书·张说列传》）。

他如中唐元结，鲜卑拓跋氏的后裔，自幼即受"牵黄犬擎苍鹰的尚武家风"的熏染。他"少不羁"，直到17岁上才"折节向学"。也正是因为这样的嗣承渊源和经历，使他得以在平定"安史之乱"的斗争中脱颖而出，"境外为偏帅"（《新唐书·元结列传》），在沧海横流中去标举其中兴大唐的大将风范。

……

在那个时代，建立在一定的武功、强壮的体魄之上的任侠之风一旦与"济苍生，安社稷"的远大抱负相结合，"少年诗人"的青春便会迸射出无比绚丽的光彩。我们再看李白关于"少年游侠客"的诗，如《少年行三首》《结客少年场行》《白马篇》《侠客行》及《行行游且猎篇》，都是那么光彩照人，青春逼人，其龙骧虎视喷吐蓬勃生气，侠心剑胆使人热血沸腾。他在这些以"少年""游侠"为题的诗篇里所推崇的义侠人格理想、精忠报国情怀，其实暗合了儒家拯危济世、救国安邦的传统道德观。侠士李白之所以同时也是爱国者，原因也在这里。以李白为代表的初、盛唐诗人文士，将儒家干预政治、忠君报国、兼济天下为己任的社会责任感与义侠"设取予然诺，千里诵义，为死不顾世"，"不爱其躯，赴士之厄困，既已存亡死生矣，而不矜其能，羞伐其德"（《史记·游侠列传》）的传统道德观予以了最为融洽与紧密的结合。所以，他们个个身体好，会武功，尚武从军，马上建功，也就自在情理之中了。

唐肃宗乾元二年（759年），李白写了一首乐府《临江节士歌》：

> 洞庭白波木叶稀，燕鸿始入吴云飞。
>
> 吴云寒，燕鸿苦。
>
> 风号沙宿潇湘浦，节士悲秋泪如雨。
>
> 白日当天心，照之可以事明主。
>
> 壮士愤，雄风生。
>
> 安得倚天剑，跨海斩长鲸！

李白此时已经59岁，因附永王璘案流放夜郎，至夔州获赦而刚获自由，却还想着手持宝剑上阵杀敌，可见他至老侠士之心依旧，报国之忱不改。

第三章

我辈岂是蓬蒿人

——出将入相之梦

遍干诸侯/二入长安的悲欢荣枯/坚定的反战斗士与戍边守土的
鼓吹者/永王东巡歌/中夜四五叹，常为大国忧

一、但愿一识韩荆州

中国古人践行报国理想通常走从军——上战场与入仕——进官
场这两条途径。就初、盛唐的知识分子而言，则往往通过科举或荐
举而出将入相。李白自恃才高八斗，自然不屑走科举入仕的路子
（他自由散漫惯了，也没有兴趣去接受科举考试的桎梏与煎熬），而
是采取干谒（求见达官贵人以获荐举）的方式试图直达高位，即以
直通车的方式博得君王青睐，做个当代的傅说、姜子牙、管仲、诸

葛亮或谢安，以拯世济民，治国安邦。为此，他不惜曳裾权门，四处干谒。在初、盛唐文人中他的干谒诗文写得最多，也最出彩，但也因此被后世的某些学者所看低，视为庸俗、丢人格。他被人批评得最厉害的就是开元十七年（729 年）因醉酒冲撞李长史乘驾而写的道歉兼干谒的文章——《上安州李长史书》。

不过我们细读该文，虽不乏恭维与自责之辞，令外人颇觉鄙下，但却暗藏玄机。这就是似抑实扬，外卑内亢，分明是一篇机智又骄傲的自我褒赞。你看他劈头一句就来得响亮："白，嵚崎历落可笑人也。"（我李白，是个卓尔不群的拔尖人才，磊落坦荡，谁见谁爱）接着才说他酒醉以后恍惚之间，未及回避君侯（李长史）座驾，"惟大雅含弘，方能恕也"（只有大德大量者才能宽恕）。反之，则不能原谅我李白。这便狠狠将了李长史一军。以后的行文便在这一张一弛、欲擒故纵中徐徐推进，最终捧出三首"辞旨狂野"的献诗请君侯一览，目的豁然昭明。识者至此不禁莞尔。所以说李白这篇《上安州李长史书》是一篇伪装得很好的自我推荐书。一些学者不谙个中奥妙，便匆匆以"卑下"论之，未免有遗珠之憾。

这情形，与李白开元二十二年（735 年）于襄阳（在今湖北）晋谒荆州长史韩朝宗时所作《与韩荆州书》大致相同。是书起首一段"白闻天下谈士相聚而言曰：'生不用万户侯，但愿一识韩荆州'"云云，即被抑李者视为阿谀奉迎之词，但随后排闼而出的一段，则自当令这些抑李之士语塞。你看李白是如何夸赞自己的：

> 白陇西布衣，流落楚汉。十五好剑术，遍干诸侯。三十成文章，历抵卿相。虽长不满七尺，而心雄万夫。……幸愿开张心颜，不以长揖见拒。必若接之以高宴，纵之以清谈，请日试

万言，倚马可待。今天下以君侯为文章之司命，人物之权衡，一经品题，便作佳士。而君侯何惜阶前盈尺之地，不使白扬眉吐气，激昂青云耶？

这一段将胸怀大志的李白的一腔节概、满腹风神如连珠滚石般倾泻而出，令人目清气爽而鼓之舞之。

需要指出的是，李白此次干谒韩荆州，虽仍难逃拍马屁之嫌，但却是长揖不拜，对后者以平辈礼相见。他后来所写《忆襄阳旧游赠济阴马少府巨》诗有"高冠佩雄剑，长揖韩荆州"句，可为这种"失礼"行为作注脚。而这种失礼，却符合他"平交王侯"的一贯原则。由此，我们又不得不怀疑他在安州以酒醉挡李长史之道，有可能是借酒装疯，故意为之；然后才有机会借道歉而推销自己。所以说，李白的委屈自己是有尺度、有底线的，这就是保持自己的独立人格。

这正如赵蕤《长短经》卷一《文上》之《知人》所说："诚洁必有难污之色，诚贞必有可信之色。质色浩然固以安"。（真正高洁的人一定有不可玷污的神色，真正有操守的人一定有值得信任的神色。质朴的神色，浩气凛然，坚定稳重。）李白有时表面的庸俗其实也难掩他内在凛然不可侵犯的人格光芒。

李白在天宝初"供奉翰林"前的"遍干诸侯""历抵卿相"，如果简略地给排个路线图，可以看出他"扬眉吐气，激昂青云"之梦的连贯性、坚韧性与发展性——

开元八年（720 年），前礼部尚书苏颋出为益州大都督府长史，按察节度剑南诸州。李白知晓后专程赴成都，在苏颋必经之路上碰见他，恭敬地递上名片（即李白自称"于路中投刺"），并献上自己的几篇诗文（包括《大猎赋》初稿）。苏颋后来看了，颇为器重，对群僚说："此子天才英丽，下笔不休，虽风力未成，且见专车之骨。若广之以学，可以相如比肩也。"（《上安州裴长史书》）所谓"专车之骨"①，即巨人之骨。苏颋用以美誉李白，说他是一个天才，又特别勤奋，虽然还略显稚嫩，却已见大家风范，假若继续努力学习，开拓视野，完全可以与西汉才子司马相如相媲美。李白听到大都督府传出的这一评

苏颋画像（选自清光绪《澄江苏氏族谱》）

语，十分高兴；十年后，将它写进《上安州裴长史书》里，让裴长史明白，自己20岁时，就受到当时天下大才子兼益州最高行政长官苏颋的赏识。不过，苏颋实际向皇上推没推荐李白，未见史料记载；或者推荐了，而未打动皇上的心，也未可知。

也就在李白向苏颋"路中投刺"这年（开元八年）底，他还向当时名扬天下的大文人、大书法家李邕②献诗，请求荐举自己。李

---

① 《国语·鲁语下》："昔禹致群臣于会稽之山，防风氏后至，禹杀而戮之，其骨节专车（装满一车）。"

② 宋《宣和书谱》卷八著录李邕："李邕，字泰和，扬州江都人也。尝作北海守，故世号'李北海'。……邕资性超悟，才力过人，精于翰墨，行、草之名尤著。……李阳冰谓之'书中仙子'。裴休见其碑云：'观北海书，想见其风采。'大抵人之才术多不兼称：王羲之以书掩其文，李淳风以术映其学。文章书翰俱重于时，惟邕得之。当时捧金帛而求邕书，前后所受巨万余，自古未有如此盛者也。观邕之墨迹，其源流实出于羲之。议者以谓骨气洞达，奕奕如有神力，斯亦名不浮于实也。杜甫作歌以美之曰：'声华当健笔，洒落富清制。'为世之所仰慕，率皆如是。"

邕当时从括州（治括苍县，在今浙江丽水市东南括苍山麓）员外司马升调渝州（治巴县，在今重庆巴南区）刺史。李白从成都匆匆赶往渝州拜谒李邕，并以《上李邕》诗一首表白心迹。诗云：

> 大鹏一日同风起，扶摇直上九万里。
>
> 假令风歇时下来，犹能簸却沧溟水。
>
> 世人见我恒殊调，见余大言皆冷笑。
>
> 宣父犹能畏后生，丈夫未可轻年少。

唐·李邕：《李思训碑》　唐·李邕：《麓山寺碑》

《庄子·逍遥游》载齐谐之言曰："鹏之徙于南冥也，水击三千里，抟扶摇而上者九万里，去以六月息者也。"庄子笔下的大鹏志向大，力量大，气魄更大，正是青年李白所摹效与寄托的对象，所以他常以之自况，表明自己的抱负与处世态度。他的这首干谒诗，因为是写给同样以才气自负而张狂的李邕看的，他引以为同好、同气或同类，所以毫不客气，直抒胸臆，将心中所想倾泻而出，无所遮拦，显出初生牛犊的勃勃生气和锐气。"宣父犹能畏后生"两句，用孔子（即宣父）在《论语·子罕》里的话"后生可畏，焉知来者之不如今也"，表示自己少年已怀壮志，是国家未来栋梁，要李邕莫看轻了，须荐举提携才是。以李邕的秉性和眼力，他是应该欣赏李白的。只是李邕的异端、怪诞（《新唐书》本传载

其“矜肆，自谓且宰相”，“素轻张说，与相恶”），不讨朝廷喜欢。所以他或许向上推荐过李白，但必定不为当局所看重。不过，不论李白渝州之行的结果如何，他与李邕一定建立了友好甚或亲密关系。他书法张扬飘逸的风格，很可能受到李邕的影响。天宝中，一生豪放恣肆的李邕被宰相李林甫妒害，惨遭杖杀。李白为此一直愤愤不平。他在天宝九载（750年）于吴中所写的《答王十二寒夜独酌有怀》中发出悲鸣：“君不见李北海，英风豪气今何在？”对他所敬仰的前辈致以崇高的敬礼。

开元十七年（729年），即李白在安州冒犯李长史（遂写《上安州李长史书》）前后，李白曾有机会拜谒到安州都督府都督马正会，向他呈上自己的几篇得意之作。当时的会面气氛应该比较好（不像见李长史那般尴尬）。事后李白通过好友、道士元丹丘（常为豪门座上客）获知马都督对自己有良好评价，十分高兴。他在第二年（开元十八年）所写《上安州裴长史书》① 里向裴长史报告了这事：

> 前此郡督马公，朝野豪彦，一见礼，许为奇才，因谓长史李京之曰：“诸人之文，犹山无烟霞，春无草树。李白之文，清雄奔放，名章俊语，络绎间起，光明洞澈，句句动人。”此则故交元丹，亲接斯议。

李白在给裴长史的汇报中，还提及开元八年（720年）他在成都受到苏颋赏识的事。他将苏、马二公前后两次的鉴评并在一起向

---

① 该书也是因遭“谤詈攒毁”，自辩清白而上裴长史。这与《上安州李长史书》的起由大同小异，为干谒寻找借口。

裴长史分析："若苏、马二公愚人也，复何足尽陈？倘贤贤也，白有可尚。"大意是说，像苏、马二公这样的人，是不会讲骗人的谎话的。如果他俩对我讲的是真话，那说明我确实是有才。文中的李京之，即李白在开元十七年酒醉冲撞的安州李长史，从时间顺序看，应是裴长史的前任。李白这篇给裴长史的上书，在他入京供奉翰林之前的著名的三封干谒书（《上安州李长史书》《上安州裴长史书》《与韩荆州书》）中写得最长，内容也最丰富——将自己的身世、交往、为人、才能、抱负一古脑儿地和盘托出。看来李白对裴长史印象不错，特别是在经历了与李长史的风波以后，李白尤其觉得应让作为父母官的裴长史了解自己；再者，他也不会轻易放过这位可能与李长史不一样的属于伯乐级的人物。所以他在末段便重重地抛下明志诀世的狠话，以期彻底打动裴长史：

> 愿君侯惠以大遇，洞开心颜，终乎前恩，再辱英眄。白必能使精诚动天，长虹贯日，直度易水，不以为寒。若赫然作威，加以大怒，不许门下，逐之长途，白即膝行于前，再拜而去，西入秦海，一观国风，永辞君侯，黄鹤举矣。何王公大人之门不可以弹长剑乎？

末句用《史记·孟尝君列传》冯驩弹长铗（剑）试孟尝君之典，倒逼裴长史非拿出诚意荐举他不可。不过，裴长史的重贤很可能是虚应故事，李白等了好一段时间，未见任何动静，就是连一句令他高兴的好话（像苏颋、马正会夸他的那样）也未听到。这跟"好客"的孟尝君完全不在一个档次，让李白空弹了一阵长剑。李白大失所望，于是背起背囊，离开安州，果真向长安进发了。400多年后，宋人洪迈读到这个故事，不禁感叹道："白以白衣入翰林，

其盖世英姿，能使高力士脱靴于殿上，岂拘拘然怖一州佐者邪？盖时有屈伸，正自不得不尔，大贤不偶，神龙困于蝼蚁，可胜叹哉！"（《容斋四笔》卷三）

开元十八年（730 年）春夏之交，李白经南阳（访诸葛亮故居）到长安，准备拜谒以"喜推藉后进"而名满天下的左丞相张说。时张说年六十四，正病卧在床，由次子、员外卫尉卿张垍出面接待李白。张垍也是一位才子，聪明伶俐，颇得玄宗钟爱，特将爱女宁亲公主（系第二十一女，原齐国公主）下嫁给他，让他于"禁中置内宅，侍为文章，珍赐不可数"（《新唐书·张说列传附张垍》）。不过此人品行不端，鸡肚心肠。玄宗曾对他许以宰相之位，拟让他替代即将辞职的陈希烈；后因杨贵妃、杨国忠的阻止，未能兑现。这便让张垍对玄宗心生怨恨，遂与安禄山开始亲密接触。"安史之乱"爆发后，他与陈希烈一道跑到安禄山伪朝廷，终究圆了一回宰相梦。只是好景不长，很快他就倒毙于乱军之中，未得善终。这当然是后话了。但当开元十八年张垍接待李白这位来自西蜀的年轻人时，他那埋藏于身体深处的劣根就已蠢蠢躁动了。李白的文名当时已从蜀、楚传至关中。这对以文讨巧的张垍来说很是不好受。他奉父命接待李白，却将后者安置到离长安八九十里处的终南山麓楼观（宗圣观）内的玉真公主别馆。玉真公主是唐玄宗的二妹，字持盈，太极元年（712 年）出家为道士，进号上清玄都大洞三景法师；又喜结文人。别馆系她接待道士和文士的一处地方。不过当李白来长安时，玉真公主已好久未来过此处了（或许已到洛阳长住）；而何时回归，谁也不清楚。张垍对此当然心知肚明，李白却蒙在鼓里。

楼观台（陕西终南山）

李白当初被张垍带到这里，还想着见不到张说就见玉真公主也好。哪知这座别馆因长期无人居住，已处荒废状态：四处野草萋萋，青苔幽幽，蛛网密结，蟋蟀出没。厨房早断烟火，一日三餐全靠邻近慕名来访的村老士绅携来。加上秋雨连绵，道路泥泞，李白无处可去，只得随意翻翻别馆内遗留的书卷打发日子。李白穷极无聊，自然心生怨意，便写了两首诗送给张垍间或派来的童仆转给他，中有"吟咏恩管乐，此人已成灰。独酌聊自勉，谁贵经纶才？弹剑谢公子，无鱼良可哀"（《玉真公主别馆苦雨赠卫尉张卿二首》其一）句；又有"投筋解鹔鹴，换酒醉北堂。丹徒布衣者，慷慨未可量。何时黄金盘，一斛荐槟榔。功成拂衣去，摇裔沧洲旁"（同上，其二）句，明眼人一看便知李白是在借典自喻，借典讥人；讥刺的对象，自然是待他不恭的张垍了。张垍看罢二诗，也当然明白了。他知道李白已看穿自己慢客背后的"小九九"，恼而转怒，不过暂时隐忍下来，却为天宝三载（744 年）李白被唐玄宗"赐金放还"埋下了伏笔。

李白在玉真公主别馆里还写了一首歌颂别馆主人的诗，题作《玉真仙人词》。诗云：

> 玉真之仙人，时往太华峰。
>
> 清晨鸣天鼓，飙欻腾双龙。

弄电不辍手，行云本无踪。

几时入少室，王母应相逢。

此诗中的玉真仙人，显然是以道教上清派的女高仙——上元夫人①为模特儿进行描绘，以博玉真公主一粲，而且也带有干谒献诗的意味。

李白以终南山玉真公主别馆为落脚点，从开元十八年（730年）夏秋之交开始，至开元十九年春夏之交，在长安地区盘桓了整整一年（中间曾西游岐州、邠州，北访坊州，东至潼关，又曾在长安北门与一群纨绔子弟打过架），却终归未睹玉真公主真容。当他怀着落寞无主的心态离开长安，由黄河东下初游梁宋（今河南商丘一带）之地时，途中在嵩

玉真公主塑像（安徽宣城敬亭山）

山将《玉真仙人词》交给老朋友元丹丘，托他相机转呈玉真公主（后者也常来嵩山）。玉真公主后来大概看到了李白这首称颂她的诗，明白李白的意思，加之也风闻李白的才名与相关故事，这才有了以后她向唐玄宗推荐李白之举。

---

① 《太平御览》卷六百七十八《道部》载《茅君传》中上元夫人出场："及上元夫人来，闻云中箫鼓声，龙马嘶鸣。……上元年未笄，天姿绝艳，服赤霜之袍，披青锦裘，头作三角髻，余发散于腰。戴九晨夜月之冠，鸣六山火藻之佩，曳凤文琳华之绶，执流黄挥精剑，入室向王母拜。王母坐止，呼之与同坐。"李白有《上元夫人》诗："上元谁夫人？偏得王母娇。……眉语两自笑，忽然随风飘。"

李白第一次长安之行原本雄心勃勃，希望通过权贵而直接博取上位，结果碰了软钉子——最想见的张说丞相死于开元十八年冬天，其子张垍则以酸溜溜的心态将他晾在荒郊野外，被他视为仙姑的玉真公主却始终不肯露面……这就是他所说的"历抵卿相"（《与韩荆州书》）的历史真相。李白由是心生愤慨，在开元十九年离开长安赴梁宋途中用乐府古题写下著名的《行路难》（共三首）的前二首。其第二首吟道：

> 大道如青天，我独不得出。
>
> 羞逐长安社中儿，赤鸡白狗赌梨栗。
>
> 弹剑作歌奏苦声，曳裾王门不称情。
>
> 淮阴市井笑韩信，汉朝公卿忌贾生。
>
> 君不见昔时燕家重郭隗，拥篲折节无嫌猜。
>
> 剧辛乐毅感恩分，输肝剖胆效英才。
>
> 昭王白骨萦蔓草，谁人更扫黄金台？
>
> 行路难，归去来。

这首诗的前半段连续使用了战国至汉初冯驩、韩信、贾谊的典故，抒发自己在昌明的大唐社会连遭小人妒嫉、权贵冷落的郁闷与不平；后半段则援引燕昭王易水畔置黄金台招贤纳才，使乐毅、邹衍、剧辛等贤士纷纷来归的故事，寄望于朝廷能敞开胸怀，大胆接纳天下有识之士为国效劳。这说明李白虽遭挫折，却心有不甘，还对朝廷抱着良好的希冀。所以他在《行路难》其一的末尾高声唱道：

> 长风破浪会有时，直挂云帆济沧海！

这气概轩昂之声，表明此时的李白虽身在江湖，却心存魏阙。

他相信自己只要坚持梦想，则干谒必会成功，朝廷必会召见自己，自己出将入相的报国理想总有实现的一天！

这里还需要向读者交代的是，李白一直倔强地坚持干谒，不达目的誓不罢休，在当时并不是一件丢人、可耻的事，而是唐代官场的一种正常风气。这首先是秦汉以来的荐举制度促成的。隋朝以来，虽然科举制度渐成选拔人才的主要方法，但荐举仍为选官一途。朝廷鼓励各级官吏出于公心，在科举之外向中央荐举贤良和吏干人才，使之成为大多数官员的职责和荣誉。这就是说，荐举乃是一种政府行为。① 葛晓音先生说："以荐贤为'至公之道'的观念，最终在盛唐开元年间成为朝野的共识，以及衡量政治清明的主要标准。这是造成初盛唐文人独特干谒方式的根本原因。"② 所以，李白说苏颋、马正会都很赏识他，要向朝廷推荐他，这并不是诳话。也正是由于朝廷求贤若渴，大张旗鼓地倡行荐举（从唐太宗，中经武则天直到唐玄宗，都屡发诏令求贤），才使得唐朝各类干谒之士③能有恃无恐，口出狂言，不怕官员生气，不怕得罪朝廷。如《新唐书·员半千列传》记员半千以"五百岁一贤者"自居。他在咸亨（670～673 年）中给高宗上《陈情表》说："若使臣七步成文，一定无改，臣不愧子建；若使臣飞书走檄，援笔立成，臣不愧枚皋。"洋洋自得，自以为可比肩曹植、枚皋。接下来的文字，更是狂悖到极点：

---

① 参见王佺：《唐代干谒与文学》，中华书局 2011 年版，第 30 页。

② 葛晓音：《诗国高潮与盛唐文化》，北京大学出版社 1998 年版，第 212 页。

③ 唐代干谒类型很多，大体分为科举体制内的干谒与体制外的干谒，后者多为布衣行之，如李白。

陛下何惜玉阶前方寸地，不使臣披露肝胆，抑扬辞翰。请陛下召天下才子三五千人，与臣同试诗策判笺表论，勒字数，定一人在臣先者，陛下斩臣头，粉臣骨，悬于都市，以谢天下才子。望陛下收臣才，与臣官。如用臣刍荛之言，一辞一句，敢陈于玉阶之前。如弃臣微见，即烧诗书，焚笔砚，独坐幽岩，看陛下召得何人，举得何士？（《全唐文》卷一百六十五）

员半千自恃才高，以为老子天下第一而目空一切，明目张胆地要挟皇帝（上引最后两句足以令人瞠目），公然向皇帝伸手要权要官，其口气之狂妄，令人咋舌。

开元五年（717年）进士登第的王泠然也是"气质豪爽，当言无所回忌"（《唐才子传·王泠然》）。他登第后先后写过《与御史高昌宇书》及《论荐书》（上燕公宰相张说）以"求用"。他在《与御史高昌宇书》中说："往者虽蒙公不送，今日亦自致青云，天下进士有数，自河以北，惟仆而已。"一副唯我独尊，舍我其谁的狂相。他甚至还威胁高御史道："傥也贵人多忘，国士难期，使仆一朝出其不意，与君并肩台阁，侧眼相视。公始悔而谢仆，仆安能有色于君乎？"（《全唐文》卷二百九十四）其大意说：山不转水转，如果此次你忘了荐举我，弄不好哪天我竟突然做了大官，与你比肩朝堂之上，那时就该你后悔莫及而向我道歉不送了。可是那时候我不一定会给你好脸色呢！

王泠然的狂悖还不止于此。他在写给宰相张说的《论荐书》中仅举其诗"官微思倚玉，文浅怯投珠"二句即自美道："请公且看此十字，则知仆曾吟五言。"他自己恃才傲物，却反倒指责张说的不是，斥其"傲物而富贵骄人，为相以来竟不能进一善，拔一贤"，

公然戏谑称："公何不举贤自代，让位请归？"（《全唐文》卷二百九十四）在他看来，张说没有拔擢自己，是有眼不识金镶玉，还不如趁早让贤算了。

这样目无长官，无所忌惮的要官方式在今人看来不啻于精神变态，痴人说梦。可是它竟然真实地发生于唐代，而且官方事后也并未拿王泠然怎样。（《唐才子传·王泠然》说他后来仍然被授予将仕郎，守太子校书郎的官职，"乃卓荦奇才，济世之器。惜其不大显而终。"）即如前举员半千呈上的那份《陈情表》，《新唐书·员半千列传》除了轻飘飘地一句"书奏，不报"以外，便不见有其他不利于员氏的文字了。

开元十九年（731 年）与状元王维同登进士及第榜的薛据（《唐才子传·薛据》说他"为人骨鲠，有气魄，文章亦然。……造句往往追凌鲍、谢"），他在吏部参选时，也是"自恃才名"，点名索要京兆府万年县（故地在今西安市）录事这个紧俏职位。只因当时朝中无人替他说情，他只得悻悻前往涉县（今属河北）就任县令。

李白则以布衣干谒，其干谒诗文中的良好自我感觉并不逊于体制内的干谒者，或者有过之而无不及。而令一些理学之士颇为气愤的还不在此而在于：李白尽管在干谒中自吹自擂，但毕竟是干谒，是屈己求人；可他偏偏不这么看。你看他在开元十五年（727 年）的《代寿山答孟少府移文书》中是如何说的：

> 近者逸人李白自峨眉而来，尔其天为容，道为貌，不屈己，不干人，巢由以来，一人而已。……

在理学之士的眼里，李白讲自己"不屈己，不干人"，实在是

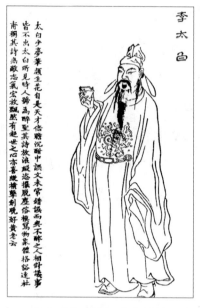

李太白

太白少孝莫颜生花自是天才倍蓗沉酣中漾文未常错误而奥不醉之人相对斐事皆不出太白所见時人鲜為醉聖其詩放浪疑态振脱座俗模寫物象體格豁遠社南稠其詩熟蔽志氣宏放飘然有趣世之心亦喜繼横擎創晓好黄老云

李白画像（清·上官周绘，选自清乾隆刻《晚笑堂画传》）

在耍赖：他明明自开元八年（720年）20岁上就懂得向益州长史苏颋"路中投刺"了，甚至还千里迢迢地跑到渝州向刺史李邕献诗，怎么不算屈己、干人呢？这么不认账，不是睁眼说瞎话吗？不是死要面子活受罪么？不过，我们今天来看李白的这种近似无赖的话，一是觉得有趣，可爱；二是真的是他的内心话。因为在他和他以前的初、盛唐的干谒者看来，干谒并不可耻，更谈不上丑恶，而是一种平等的对话，进而可以说是一种给朝廷帮忙，为国家分忧的行为，所以他们要大声讲话，大声讲自己的好话、真话，以期不枉没自己的才华而圆出将入相之梦。葛晓音先生有一段分析准确地找出了以李白为代表的初盛唐干谒之士的心理支点：

> 初盛唐文人在上书陈启时几乎都不承认自己是干谒，总是竭力将自己的行为与一般的干谒区别开来。这固然与干谒书启的写作技巧有关，但我以为更重要的是以荐贤为至公之道的观念改变了干谒者的心理状态。统治者求贤礼贤的姿态使他们找到了自己与被干谒者在人格上平等的支点，从而在干谒中消除了仰人鼻息的屈辱感，理直气壮地将干谒视为出于公心、平交王侯的合理行为。……盛唐文人所高唱的"平交诸侯"，实质上正体现为在干谒中凭文章道义与王公卿相保持平等的心理。

"不屈己，不干人"的理想与干谒的实际行为也正是这样取得统一的。①

而李白在干谒中所表现出的文章才华与道义担当在初、盛唐诗人群体里尤为突出，其人格自信与傲岸风骨也最强烈，可以说到了盛气凌人或者咄咄逼人的地步。这便令许多本来有意荐举他的公卿、长官们望而却步。像张垍这样本来就心胸狭窄的小人自不必说了，即便像"喜识拔后进"、"当时士咸归重之"（《新唐书·韩朝宗列传》）的韩荆州大概对他也是虚以委蛇，懒得管他的事。所以李白的干谒从 20 岁开始，直到 43 岁，23 年间尽管很辛苦，却几乎是瞎忙，在经邦济世这方面可谓蹉跎岁月。

二、在北漂长安的日子里

天宝元年（742 年）四月，李白游泰山，在那里留下《游太山六首》，其六有"寂听娱清辉，玉真连翠微。想像鸾凤舞，飘摇龙虎衣"句，又趁机将玉真公主美美地夸赞了一番。② 随后李白即南去会稽，在那结识了道士吴筠，与他一起在曹娥江畔的剡中（今浙江嵊州）度过了整整一个夏天。

吴筠是著名的道教学者，与司马承祯同出一师（潘师正）门，

---

① 葛晓音：《诗国高潮与盛唐文化》，北京大学出版社 1998 年版，第 223 页、224 页。

② 《旧唐书》卷七《睿宗本纪》载：景云二年（711 年）五月"辛丑，改西城公主为金仙公主，昌隆公主为玉真公主，仍置金仙、玉真两观"。（按：《新唐书》卷八十三《诸帝公主列传》载玉真公主始封崇昌县主。）李白这里将泰山道观通通视为玉真观，将泰山仙人亦通通视为玉真仙人，"宛然若可亲也"（明人朱谏语）。

但年纪上小于司马承祯，大于李白。《旧唐书·隐逸列传》称其"尤善著述，在剡与越中文士为诗酒之会，所著歌篇，传于京师。玄宗闻其名，遣师征之。既至，与语甚悦，令待诏翰林。……玄宗深重之"。这事大约发生于天宝元年的夏秋之交。吴筠的应诏入京，对李白显然是个不小的冲击。吴筠走后，李白即从剡中溯曹娥江经大运河返回东鲁南陵（今山东曲阜南陵城村）的家中。不过二人分别之际，吴筠或许曾信誓旦旦地保证会在皇上面前举荐李白，而李白亦有可能将他的新作《游太山六首》托吴筠转交玉真公主，就像11年前他托元丹丘将《玉真仙人词》带给玉真公主那样。

吴筠赴京不久，便从宫阙传出好消息：圣上征召李白进京。李白在南陵接到诏书，大喜过望，当即收拾书箧行囊，启程赴京。临行之际，他挥毫写下一首神采奕奕的七古——《南陵别儿童入京》以纪事：

> 白酒新熟山中归，黄鸡啄黍秋正肥。
>
> 呼童烹鸡酌白酒，儿女嬉笑牵人衣。
>
> 高歌取醉欲自慰，起舞落日争光辉。
>
> 游说万乘苦不早，著鞭跨马涉远道。
>
> 会稽愚妇轻买臣，余亦辞家西入秦。
>
> 仰天大笑出门去，我辈岂是蓬蒿人！

李白从20岁起就不停地干谒上书，屡经挫折而不屈不挠，终于在42岁上获得天子青睐，得到一纸征召诏书。诏书虽然没有说明李白此次入宫能够担当何职，但已足令李白忘乎所以了。他在诮呵家中那位一直瞧他不起的"愚妇"的识浅目短之外，竟洋洋自得地自比西汉名臣朱买臣，以为此行一去，便可平步青云了；且能逞其纵

横之才而"游说万乘",最终圆他的入相之梦。所以他是喜不自禁,几近失态——"仰天大笑出门去",一副"得意就张狂"的模样。16年前,即他入赘故相许圉师家,隐居安陆北寿山时,友人孟少府写信给他,对其安于小隐颇有微词。李白即以《代寿山答孟少府移文书》剖白自己:

> ……仆尝弄之以绿绮,卧之以碧云,漱之以琼液,饵之以金砂。既而童颜益春,真气愈茂,将欲倚剑天外,挂弓扶桑,浮四海,横八荒,出宇宙之寥廓,登云天之渺茫。俄而李公仰天长叹,谓其友人曰:吾未可去也!吾与尔达则兼济天下,穷则独善一身,安能餐君紫霞,荫君青松,乘君鸾鹤,驾君虬龙,一朝飞腾,为方丈、蓬莱之人耳?此方未可也!乃相与卷其丹书,匣其瑶瑟,申管晏之谈,谋帝王之术,奋其智能,愿为辅弼,使寰区大定,海县清一。事君之道成,荣亲之义毕,然后与陶朱、留侯,浮五湖,戏沧洲,不足为难矣。

是书表明,作为纵横家传人的李白素怀壮志,目光远大,是渴望在有生之年干出轰轰烈烈大事业的鹏鸟(他在是书即以《庄子·逍遥游》之说而称"尺鷃不羡于鹏鸟"),所以在没有达成目的之前,是不会自顾自地去做弄绿绮、卧碧云、漱琼液、饵金砂的方丈、蓬莱仙人的——尽管这是他作为道士而苦苦追求的一个目标,也是他精心规划的人生归宿。所以他要暂时卷掩丹书,收藏瑶瑟而"申管晏之谈,谋帝王之术",像管仲、晏婴那样,辅弼君王,为其出谋划策,待"事君之道成,荣亲之义毕",社会稳定,天下清明之后,再像陶朱公(范蠡)、张留侯(张良)那样乘槎泛海,归隐道山。这表明李白虽然常常闹着要出世学仙,游乎尘垢之外,却又时

115

时挂念现世，不忘政治。（其实，纵横家就是政治家，而李白曾一心想做有作为的纵横家，这也便逼着他去贴近政治）李白的思想，有时是道家居多，有时是纵横家占了上风，有时还有儒家搀杂进来（如化《孟子·尽心上》而言"达则兼济天下，穷则独善一身"云云）；而且当政治形势严峻，国家召唤之际，他更是挺身而出，赴汤蹈火（如误入李璘幕），体现出中国知识分子薪火传承、普遍具有的强烈的社会责任感和担当精神。而此时的李白，到底属于纵横家还是儒家抑或道家呢？很难厘清。《老子》第九章不是也说"功遂身退，天之道哉"么？"身退"的前提是"功遂"。所以，对李白的事功之心（即其所言"事君之道"、"荣亲之义"），还真不好轻易地划派归宗。

李白的入京，在天宝元年的唐朝可以说是一个大事件。是年金风送爽，丹桂飘香。长安城内万人空巷，人头攒动，争相目睹传为"当代相如"的太白风采。李白身着紫色绸袍，腰佩龙泉剑，胯下五花马，气宇轩昂，精神抖擞，在一大群崇拜者（今人俗称"粉丝"）的簇拥下从通化门徐徐进入长安城，在棋盘式的宽敞大道中绕行了一两个时辰，接受万众的瞻仰与欢呼，这才抵达大明宫的含元殿，下马晋见当朝天子。已经等候多时的唐玄宗迫不及待地从龙椅座上走下来迎接；待李白跪拜过后，御手轻扶他缓缓起身，牵着他一起步上丹墀，让他在御座前的七宝床就座。接着司礼太监捧出热气腾腾的御膳，玄宗接过来亲自调和着喂他……须知唐玄宗此时（58岁）已接近花甲，而李白则正处青壮年（42岁）。作为九五之尊的皇帝以如此崇高的礼节接待一个普通士子，在中国文化史上当是开天辟地、空前绝后的事。这自然使当时的人们激动万分，踊跃

传诵；直到封建社会走到尽头，中国的知识分子每每提及此事，仍感慨万千，回味不已。李白的族叔李阳冰在唐代宗宝应元年（762年）十一月——即李白逝世的当年当月所作《草堂集序》中记叙这一历史事件说：

> 天宝中，皇祖下诏，征就金马，降辇步迎，如见绮、皓。以七宝床赐食，御手调羹以饭之，谓曰："卿是布衣，名为朕知，非素蓄道义，何以及此。"置于金銮殿，出入翰林中，问以国政，潜草诏诰，人无知者。

唐宪宗元和十二年（817年），宣歙池等州观察使范传正撰写《唐左拾遗翰林学士李公新墓碑并序》也说：

> 天宝初，如见于金銮殿，玄宗明皇帝降辇步迎，如见园、绮。论当世务，草答蕃书，辩如悬河，笔不停缀。玄宗嘉之，以宝床方丈赐食于前，御手和羹，德音褒美，褐衣恩遇，前无比俦。

北宋宋祁撰写的《新唐书·李白列传》也称唐玄宗召见李白于金銮殿，"帝赐食，亲为调羹，有诏供奉翰林"。看来李白获得的这份荣耀，真令当时及后来的知识分子羡慕死了。李白自己则不用说心里有多美、多乐、多得意了。他认为这是他政治生涯，或者说整个人生最为辉煌的顶点，令他终生难以忘怀，时常叨念。他在乾元二年（759年），也就是距离他应诏入京已有17个年头时，作过题为《赠从弟南平太守之遥二首》的诗，其一中有一大段是对这一时期的光荣回忆：

> ……
>
> 汉家天子驰驷马，赤车蜀道迎相如。

天门九重谒圣人，龙颜一解四海春。

彤庭左右呼万岁，拜贺明主收沉沦。

翰林秉笔回英眄，麟阁峥嵘谁可见。

承恩初入银台门，著书独在金銮殿。

龙驹雕镫白玉鞍，象床绮席黄金盘。

当时笑我微贱者，却来请谒为交欢。

……

自李白20岁那年益州大都督府长史苏颋将他与司马相如作比起，李白便自以为是当代相如了。此诗便是他当时心境的如实写照，亦捎带挖苦了一下曾百般阻挠他面见圣上的那些小人，如张垍之流。李白以汉武帝拔擢司马相如事设喻，其实在讲唐玄宗青睐自家的事儿。郭沫若先生就此评道："实际上恐怕连司马相如都还不曾受过他所受到的优待。皇帝见了他而满面笑容，使得天下皆春。满朝文武都在为皇帝得人而庆贺，高呼'万岁'。看来李阳冰在李白《草堂集序》中所述的情况是合乎实际的。"[1]

天宝三载（744年）春，即李白遭张垍之类小人谗毁出京前，还写过一首《玉壶吟》，又将自己比作西汉文学家东方朔，对"供奉翰林"这段生命中的光辉岁月恋恋不舍，依依留念：

烈士击玉壶，壮心惜暮年。

三杯拂剑舞秋月，忽然高咏涕泗涟。

凤凰初下紫泥诏，谒帝称觞登御筵。

揄扬九重万乘主，谑浪赤墀青琐贤。

---

① 郭沫若：《李白与杜甫》，人民文学出版社1971年版，第57页~58页。

朝天数换飞龙马，敕赐珊瑚白玉鞭。

世人不识东方朔，大隐金门是谪仙。

西施宜笑复宜颦，丑女效之徒累身。

君王虽爱蛾眉好，无奈宫中妒杀人！

是诗中的"谪仙"是秘书监贺知章给他"封"的。李白于"供奉翰林"初，便在京师的道教重地紫极宫与这位自号"四明狂客"的老诗人见了面。后者看完李白呈上的《蜀道难》诗（或云《乌栖曲》），抬头再一看李白面相，便惊乍乍地高呼他为"谪仙人"，又说："此诗可以哭鬼神矣！"（范传正：《李公新墓碑》）

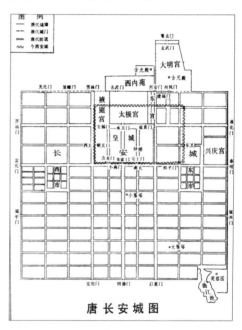

唐长安城图

言罢，就拉李白去酒楼饮酒，不料仓促间两人都未带酒钱，那老贺当即解下随身佩带的金龟付给店家，这才坐下推心置腹，饮了个痛快。唐朝官员按品级颁赐鱼袋，袋上以金银等制成的小龟（武后天授元年九月前为鱼）作装饰。三品以上为金饰，四品、五品则用银、铜饰。贺知章官居秘书省监，当为从三品；又是太子宾客，则当为正三品，自然该佩金龟。但以此官物随便做质换物，倘追究起来是触犯刑律的。可是老贺与李白都是性情中人，即便是天规天条，高兴起来也是不管不顾的。这次金龟换酒以后，老

贺还把汝阳王李琎、左丞相李适之以及名士崔宗之、苏晋、张旭、焦遂一干饕餮酒徒介绍给李白，三天两头即聚会于酒楼，推杯送盏之间又吟诗写字，觥筹交错中且大呼小叫，竟成为长安一景。尔后杜甫有《饮中八仙歌》为之绘成各具神态、活灵活现的群仙图。而这轴长卷的首帧景观就是老贺的醉像："知章骑马似乘船，眼花落井水底眠。"这副醉眼朦胧，醉态可掬的模样，实在令人忍俊不禁，心生怜爱。它与李白的"天子呼来不上船，自称臣是酒中仙"（《饮中八仙歌》）的画像相映成趣，成为所谓"醉态盛唐"的两方鲜活印记。

杨义先生在《李杜诗学》中提出"醉态盛唐"的诗学观点，其外在特征之一乃是"盛唐时代诗人面对天子而乘醉逞才"①。这种"醉态倾于道家，它要求超越为世俗所接受的儒家礼仪规则，在生命的巅峰体验中回归天然本真"②。老贺和李白这一对忘年交都属于倡行"法天贵真"（《庄子·渔父》）的道教中人，因而可以无视礼法，不拘于俗，恣肆放纵而炫才逞快。《旧唐书·贺知章列传》记老贺任礼部侍郎时，恰逢"惠文太子薨，有诏礼部选挽郎"，这对公卿子弟是莫大的荣幸与进身良机，都巴巴地等着去替故太子牵引灵柩。可是老贺却不给情面，不论关系，全凭自己的想法、自己的感觉挑选挽郎（《旧唐书》本传称之为"取舍非允"），惹得众门荫子弟"喧诉盈庭"。老贺仍不为所动，我行我素，"以梯登墙"，突围出来后仍维持原来的决定，以致"时人咸嗤之"。皇上不得不将

---

① 杨义：《李杜诗学》，北京出版社 2001 年版，第 72 页。
② 杨义：《李杜诗学》，北京出版社 2001 年版，第 127 页。

他改授工部侍郎兼秘书监同正员。

《旧唐书》本传还讲老贺"晚年尤加纵诞，无复规检，自号'四明狂客'，又称'秘书外监'，遨游里巷，醉后属词，动成卷轴，文

贺知章祠（浙江绍兴）

不加点，咸有可观"。天宝三载（王琦《李太白集辑注》引窦蒙《述书赋注》记为天宝二年）正月，老贺称病告老还乡，正式度为道士。他回到故乡越州永兴（今浙江杭州萧山区）之时，已届86岁，距他离乡已有50多个年头。后来脍炙人口的那首《回乡偶书二首》其一便是此时写就的。诗曰：

> 少小离家老大回，乡音未改鬓毛衰。
>
> 儿童相见不相识，笑问客从何处来。

人生易老，物换星移。诗人感慨岁月不饶人，又欣喜一代新人初长成，襟怀和雅而神清志逸，所以当他遇见意气风发的李白便如同觅到了继述者，一见如故而至共眠醉乡。三年后，即天宝六载（747 年），李白南游会稽，专程到老贺故宅酹酒凭吊故友（贺知章寿终于返乡当年），见物是人非而不胜欷歔，因作《对酒忆贺监二首并序》怀念他：

> 太子宾客贺公，于长安紫极宫一见余，呼余为谪仙人，因解金龟，换酒为乐。没后对酒，怅然有怀，而作是诗。
>
> 四明有狂客，风流贺季真。

长安一相见，呼我谪仙人。

昔好杯中物，翻为松下尘。

金龟换酒处，却忆泪沾巾。

狂客归四明，山阴道士迎。

敕赐镜湖水，为君台沼荣。

人亡余故宅，空有荷花生。

念此杳如梦，凄然伤我情。

清·苏六朋绘《太白醉酒图》

"谪仙人"这一称号，使李白很受用，而且终生受用。后来杜甫写了一首题为《寄李十二白二十韵》的诗，点明了连接风流贺知章与同样风流的李白之间的那一道款曲相通的灵犀：

昔年有狂客，号尔谪仙人。

笔落惊风雨，诗成泣鬼神。

声名从此大，汩没一朝伸。

文彩承殊渥，流传必绝伦。

……

　　贺知章于李白的意义，乃在于点醒了李白的"谪仙人"意识或者说促发了其"谪仙人"的自觉。李白在长安"供奉翰林"期间之所以慢薄公卿，睥睨群小的精神动力，便来源于这种自觉。他原想做世外的仙人，却在现世中圆了这个梦。他在客居长安的一两年间，过的就是神仙的日子，享受着神仙的快活。这在使一般布衣知识分子吹呼雀跃的同时，也令许多心地猥琐之人嫉妒、仇视而诋

毁。《新唐书·李白列传》载有李白在"供奉翰林"时的一段飘然若仙的故事以及这故事何以终止的原委：

> （李）白犹与饮徒醉于市。帝坐沈香子亭，意有所感，欲得白为乐章，召入，而白已醉，左右以水颒面，稍解，授笔成文，婉丽精切，无留思。帝爱其才，数宴见。白尝侍帝，醉，使高力士脱靴。力士素贵，耻之，摘其诗以激杨贵妃。帝欲官白，妃辄沮止。白自知不为亲近所容，益骜放不自修，与知章、李适之、汝阳王琎、崔宗之、苏晋、张旭、焦遂为"酒八仙人"。恳求还山，帝赐金放还。

李白还山之际，曾写过《还山留别金门知己》（即《东武吟》）以纪事，时间大约在天宝三载（744年）三四月间。他于天宝元年秋入京"供奉翰林"，至此在长安（系第二次入长安）呆了大约一年半光景。关于他离京的真实原因，是否就像《新唐书·李白列传》所记那样，历来颇有争议。其实，《新唐书》所说李白"使高力士脱靴"的故事，最早出自唐元和年间（806~820年）李肇的《唐国史补》卷上《李白脱靴事》。这则记载讲，李白"供奉翰林"时，多半处于醉酒状态。有一次唐玄宗派使者传命他撰写乐府歌词，正遇上他酒醉未醒。使者怕皇上等得着急，就用水浇他的脸，醉仙李白这才稍微有些苏醒。他在半醉半醒中运笔疾挥，一口气写出十多篇歌词，而且未做任何改动修饰。又有一次李白趁着酒意写歌词，当着皇上的面，就把一双脚伸出来叫大宦官高力士给他脱靴子。那受惯玄宗宠信的高力士自觉没面子，正犹豫不前，皇上就命令小宦官推他上前，去满足李白的要求。

清·康涛绘《华清出浴图》

　　李肇之后的又一位晚唐人李濬写过一本《松窗杂录》，则详细记有高力士离间杨贵妃与李白关系的事。说是天宝三载（744年）① 的某一天，唐玄宗与杨贵妃在沉香亭前观赏牡丹，一时兴致来了。唐玄宗命宫廷大歌手李龟年持金花笺宣赐翰林供奉李白立进新乐词《清平调词》三章献上，并说："赏名花，对妃子，焉用旧乐词为？"李白此时正醉眼朦胧，仍遵命提笔书就。诗曰：

　　　　云想衣裳花想容，春风拂槛露华浓。

　　　　若非群玉山头见，会向瑶台月下逢。

　　　　一支红艳露凝香，云雨巫山枉断肠。

　　　　借问汉宫谁得似，可怜飞燕倚新妆。

　　　　名花倾国两相欢，长得君王带笑看。

　　　　解释春风无限恨，沉香亭北倚阑干。

　　李濬接着说，李白写好诗后，李龟年立刻将它进呈到唐玄宗面前。玄宗即命梨园弟子丝竹伴奏，李龟年当场引吭而歌。"太真妃

－－－－－－－－－－

　　① 《松窗杂录》称"天宝中"，学术界普遍依据清人王琦的《李太白年谱》，改为天宝三载。

持颇梨（即玻璃）七宝杯，酌西凉州蒲萄酒，笑领意甚厚。"李龟年后来回忆说，在他所唱的歌曲中，最好的莫过于李白这三首《清平调词》。从此，唐玄宗更加看重李白了。孰料写到这里，李濬突然笔锋一转，又引出下面一段文字：

> 会高力士终以脱乌皮六缝（靴）为深耻。异日太真妃重吟前词，力士戏曰："始谓妃子怨李白深入骨髓，何拳拳如是？"太真妃因惊曰："何翰林学士能辱人如斯！"力士曰："以飞燕指妃子，是贱之甚矣。"太真妃颇深然之，上尝欲命李白官，卒为宫中所捍而止。①

《唐国史补》及《松窗杂录》的这两则故事，显然成为北宋宋祁（就是写过"红杏枝头春意闹"名句的那位"红杏尚书"）修《新唐书·李白列传》（如前引）的蓝本。不过，宋祁之前，宋人乐史（以《太平寰宇记》二百卷及《杨太真外传》传世）就写过一篇《李翰林别集序》，详细转述《松窗杂录》有关文字。只是它们（包括《新唐书·李白列传》）将李白遭赐金放逐的原因都归咎于高力士与杨贵妃，在逻辑上尚缺乏力道。至元人萧士赟，其在《分类补注李太白诗》中更认为，《清平调词》中"云雨巫山"句讽刺"尤甚"，他说：

> 《高唐赋序》谓神女常荐先王之枕席矣。后序文曰"襄王复梦遇焉"。此云"枉断肠"者，亦讥其曾为寿王妃，使寿王

而未能忘情是"枉断肠"矣。①

对李濬及萧士赟持论，清人王琦在《李太白集辑注》中批驳道：

> 巫山云雨，汉宫飞燕，唐人用之已为数见不鲜之典实。若如二子之说，巫山一事只可以喻聚淫之艳冶，飞燕一事只可以喻微贱之宫娃，外此皆非所宜言。何三唐诸子初不以此为忌耶？②

笔者认为，王琦所论极是。首先，《清平调词三首》是应制诗。唐宋应制诗均是颂诗，这是体裁所规定了的，称"应制体"。只要比较《全唐诗》及《全宋诗》的其他篇章即可明了。李白蔑视权贵确是事实，但他却不会让应制诗越俎代庖，去发挥讽喻的功能。

其次，天宝三载（744 年）李白在写《清平调词三首》之前，正受到唐玄宗尊重和信用。玄宗让他入翰林供奉，还起草诏诰，很是春风得意。他认为他的理想抱负正在实现，想象着还要将其他在野的贤人引进京来。他在《温泉侍从归逢故人》里唱道："激赏摇天笔，承恩赐御衣。逢君奏明主，他日共翻飞。"因此，当他应诏写颂诗时，犯不着去顶撞圣上。再说当时他对玄宗皇帝是感恩戴德的，对杨贵妃是很有好感的，这从他歌颂宫廷生活的《侍从宜春苑奉诏试赋龙池柳色初青听新莺百啭歌》《宫中行乐词八首》等均可看出。

---

① 转引自詹锳主编《李白全集校注汇释集评》第二册，百花文艺出版社 1996 年版，第 772 页。

② 转引自瞿蜕园、朱金城：《李白集校注》上册，上海古籍出版社 1980 年版，第 392 页。

第三，唐人崇尚性自由。楚襄王的"巫山云雨"在唐人看来不是丑事，而是美事，或者是值得夸耀的风流韵事；赵飞燕是汉成帝的皇后，在汉代是绝代天娇。拿他（她）们来比喻唐玄宗与杨贵妃的恋情，应当不会有差错。何况李白在诗里明明白白地写着：他（她）比起今人来，还大逊风骚呢！（如"枉断肠""可怜"句）

第四，唐玄宗、杨贵妃都是极有文化教养的人，《全唐诗》（包括补遗）存有唐玄宗诗一卷凡68首，杨贵妃诗、词各一首，都写得风流婉转，有声有色。李白诗中若有讽意，他们会看不出？何劳高力士提示？而高力士向杨贵妃的密告，外人又何以得知？

由此看来，李濬在《松窗杂录》里有关《清平调词三首》的记录，前半段当是真，后半段应当假。李白被迫离京，不是因为《清平调词三首》冒犯了杨贵妃，而是像魏颢在《李翰林集序》里所言，是"以张垍谗逐"。这话当是李白亲口告诉魏颢的，乃第一手资料，比起其他道听途说的故事，应相对可靠些。

写到这里，顺便再交代一点。《文学遗产》1980年第3期上曾刊载吴企明先生《李白〈清平调词〉三首辨》一文，认为《清平调词三首》系李濬伪作，并非出自李白之手。其云：

> 照韦叡（即李濬）《松窗录》（即《松窗杂录》）的记事看来，李白撰《清平调词》，正在杨玉环被册为贵妃以后，得专房之宠的时候，杨玉环是在天宝四载（745年）被册为贵妃的，这时李白已离开长安，在梁园、齐鲁一带漫游，不可能与杨贵妃相遇，并为之撰《清平调词》三首。杨玉环于天宝三载（744年）被潜纳宫中的时候，李白已在这年的春天"赐金还山"，远离京师，没有机缘在兴庆池沉香亭畔，与杨玉环共赏

牡丹，为之撰笔赋词。退一步说，即使杨玉环被度为女道士入宫的时间，推得更早一点，李白也正在长安，但是，其时杨玉环的身份还是女道士，还不能公开随侍玄宗左右，怎么会出现对妃子、赏名花、作新词的盛事呢？《清平调词》句"名花倾国两相欢，长得君王带笑看"叙事涉于虚妄；"借问汉宫谁得似？可怜飞燕倚新妆"典故运用失当。《松窗录》的记事，完全不合乎"潜纳宫中"的史实。

元·钱选绘《杨贵妃上马图》

不过，笔者查《新唐书·玄宗本纪》及乐史《杨太真外传》，杨玉环被唐玄宗召入宫中，并非在天宝三载（744 年），而是在开元二十八年（740 年）十月。是月，作为寿王妃的杨玉环（时年 22 岁）与唐玄宗（时年 56 岁）定情于骊山温泉宫，在那里度过了 18 天（从甲子至辛巳）浪漫日子；其间下诏将杨玉环度为道士，号太真。之后，玄宗返回兴庆宫，杨玉环则以道士身份（不再是王妃了）居于大明宫内的道观。开元二十九年（741 年）十一月，杨玉环已脱去道袍住进了兴庆宫，实际上处于后妃的地位。《太平御览》卷一百四十一《杨贵妃》条记载说：

不期岁，恩礼如惠妃。太真姿质丰艳，善歌舞，通音律，智算过人。每倩盼承迎，动移上意。宫中呼为"娘子"，礼数实同皇后。

这样来看，尽管杨玉环确实是在天宝四载（745 年）八月初六被册封为贵妃，但在此前地位已形同皇后（至少也形同皇妃）。她在宫苑中与玄宗早已公开出双入对，恩爱缠绵。因此，天宝三载（744 年）的她与玄宗一道，"对妃子"、赏名花，令翰林供奉李白献新词，是完全没有问题的。《松窗杂录》前半段所记，大抵是事实；《清平调词三首》，也确实系李白所作。吴企明先生所论，不好成立。或者范文澜先生先前也有同样的认识，所以他在《中国通史简编》第三编里有如是说："《清平调》《清平乐》等词，无疑是李白所作。《清平调》《清平乐》开专写妇女的风气。"①

三、和平主义者的战斗情怀

魏颢《李翰林集序》说，李白在"供奉翰林"期间，曾遵皇命写《出师诏》；刘全白《唐故翰林学士李君碣记》及乐史《李翰林别集序》则说李白在宫廷里曾为朝廷写《和蕃书》，"思若悬河"。《和蕃书》与《出师诏》，战争与和平，对立而统一地表现在李白身上，立体地刻画出李白博大的人文主义胸襟和坚定的爱国者的战斗情怀。

《和蕃书》与《出师诏》并不见于《李白全集》，原件或已亡佚。这一书一诏，论者多认为是针对吐蕃发出的。翻检《资治通鉴》卷二百一十五"玄宗天宝元年"至"天宝四载"条，可以看到一些线索。天宝元年（742 年）冬十二月，陇右节度使皇甫惟明、

---

① 范文澜：《中国通史简编》第三编第二册，人民出版社 1965 年版，第 709 页。

河西节度使王倕相继大破吐蕃军，二年（743年）夏四月，皇甫惟明再次取得对吐蕃战事的胜利。此后至天宝四载九月（是月皇甫惟明与吐蕃战于石堡城，城在今青海西宁西南），在两年又四个月中，唐朝与吐蕃并无战事。由此估计是李白草拟的对吐蕃的和书起了作用。那么，李白草和书的时间当在天宝二年四月，即皇甫惟明战胜吐蕃之际或稍后。其《出师诏》则可能是在天宝元年十二月之前，或二年四月之前代朝廷起草的。《出师诏》是表明朝廷对战争获胜的决心与信心的，不用说应以扬天威、鼓士气为主旨；而《和蕃书》作为恩威兼备的一个手段，讲求怀柔修睦，以达到不战而屈人之兵最终保境安民的目的。李白是赵蕤的传人，曾一度想做这个时代的纵横家，因此在这一诏一书的构思、运笔上自有分寸，把握得当，充分表达了朝廷对战和的态度，从而确保了唐朝在天宝元年或二年对吐蕃的胜利以及在天宝二年至四载的28个月间唐朝边境的西线无战事。明人冯梦龙在《警世通言》第九卷有《李谪仙醉草吓蛮书》（又见于明末抱瓮老人辑《今古奇观》第六卷）的故事，其将"蕃"指为"渤海国"，将《和蕃书》搞得咄咄逼人，乃不谙史实，不懂李白使然。

李白是道士，又是准纵横家。这两个身份的价值取向都是以民为贵，以和为贵，以生（命）为贵，"不以兵强天下"（《老子》第三十章）。李白之所以博得社会各阶层人士的喜爱，不论男女老少都喜吟爱唱他的诗歌，[1] 就因为他心底装有天下苍生。李白的道士

---

① 郭沫若先生说："在中国古代诗人中，博得人们广泛爱好的，恐怕要以李白为第一人吧？"（《李白与杜甫》，人民出版社1971年版，第188页）

情怀也促使他急切地想辅佐君王"使寰区大定，海县清一"（《代寿山答孟少府移文书》）。他的诗歌有不少属于现实主义题材。它们热切地关注国运民生，深刻地反映人民苦难，其《丁都护歌》为这方面的代表作。歌云：

> 云阳上征去，两岸饶商贾。
>
> 吴牛喘月时，拖船一何苦！
>
> 水浊不可饮，壶浆半成土。
>
> 一唱都护歌，心摧泪如雨。
>
> 万人系磐石，无由达江浒。
>
> 君看石芒砀，掩泪悲千苦。

李白是诗以乐府旧题写凄苦时事，事先就定下了悲愤基调。诗歌极写纤夫劳动生活的沉重艰辛，且深入到他们的内心世界，从而造成惊心动魄的感官效果，在人民性上并不输于杜甫的"朱门酒肉臭，路有冻死骨"（《自京赴奉先咏怀五百字》）。

李白除了"平交王侯"，以及拥有许多诗友、文友、道友、酒友与"粉丝"外，还"混游渔商"，与贩夫走卒、农樵老妪交朋友。上元二年（761 年），即李白逝世前一年，他在宣州（今安徽宣州）铜陵县五松山下借住于一位荀姓老太婆家，亲眼看见农家劳作辛苦，生活艰难，却对他报以热情且有礼貌的款待。李白遂作《宿五松山下荀媪家》诗，抒发内心感触：

> 我宿五松下，寂寥无所欢。
>
> 田家秋作苦，邻女夜舂寒。
>
> 跪进雕胡饭，月光明素盘。
>
> 令人惭漂母，三谢不能餐。

日本人近藤元粹编《李太白诗醇》卷四说此诗："村家苦况写出，如耳闻目见。"

天宝十三载（754年），李白在池州（治秋浦县，即今安徽贵池市）看见冶铜工人一边劳动，一边歌唱，大为惊讶与振奋，即作《秋浦歌十七首》其十四，讴歌伟大的劳动者：

> 炉火照天地，红星乱紫烟。
>
> 赧郎明月夜，歌曲动寒川。

古代采铜遗址（安徽铜陵）

这是一个声、色、光、热交融辉映的劳动场景，是一幅火星飞溅、活力四射的雄阔画卷，是用心倾情唱出的浪漫而又写实的歌。郭沫若先生就此感叹道：这首"歌颂冶矿工人的诗不仅在李白诗歌中是唯一的一首，在中国古代诗歌中恐怕也是唯一的一首吧?"①

上元二年（761年），李白在宣州闻知他认识多年的一个酿酒老翁过世，不禁悲从中来，当即吟出一首题作《哭宣城善酿纪叟》的诗：

> 纪叟黄泉里，还应酿老春。
>
> 夜台无李白，沽酒与何人?

---

① 郭沫若：《李白与杜甫》，人民出版社1971年版，第189页。

李白好酒是事实，但与一位普通的酿酒工人成为亲密朋友，还专门写诗怀念他，这在旧时知识分子群体中是极为罕见的。这说明李白不仅能"平交王侯"，而且也能平交百姓，所以他亦懂得百姓，了解他们的心声，愿意为他们鼓与呼。

李白的后半生，经历过安史之乱与唐王朝对吐蕃与南诏的战争。他站在老百姓要安宁、要生存、要幸福的立场，既反对安禄山、史思明对国家的分裂活动，也反对朝廷轻启边衅，劳师远征，使生灵涂炭，民不聊生。天宝元年（742年），唐玄宗派朔方节度使王忠嗣北伐，与奚、怒皆（均与契丹同源）三战于桑干河（流经今山西北部、河北北部）；天宝六载（747年）七月，又派将军高仙芝（高丽人）为行营节度使，率万骑讨伐吐蕃，"斩首五千级"（《资治通鉴》卷二百一十五）。天宝六载秋，李白针对这两场战事，以乐府旧题《战城南》发表自己的意见：

> 去年战，桑干源；
>
> 今年战，葱河道。
>
> 洗兵条支海上波，放马天山雪中草。
>
> 万里长征战，三军尽衰老。
>
> 匈奴以杀戮为耕作，古来惟见白骨黄沙田。
>
> 秦家筑城备胡处，汉家还有烽火燃。
>
> 烽火燃不息，征战无已时！
>
> 野战格斗死，败马号鸣向天悲。
>
> 乌鸢啄人肠，衔飞上挂枯树枝。
>
> 士卒涂草莽，将军空尔为。
>
> 乃知兵者是凶器，圣人不得已而用之。

是诗的反战呼声十分强烈。明人朱谏《李诗选注》评论说："开元、天宝间，上好边功，征伐不已。王忠嗣、李嗣业辈虽得小胜，而所失亦多。自此边衅一开，而中国疲耗，卒召安史之乱，乘舆播迁，而宗庙丘墟，由明皇之喜大夸功而不能以自戢也。白可谓有先见之智者矣，孰云白为真狂者哉！"

须要指出的是，对唐玄宗的开边无度、穷兵黩武（这其实也是与唐太宗以来的朝廷作法一脉相承的，只是在玄宗这里达到顶点罢了），从诗人群体的总体看，虽然拥护者居多，但反对的力量也不小——并非仅有李白在孤军作战。著名者如李颀《古从军行》，高适《燕歌行》，杜甫《兵车行》，常建《塞下曲四首》其一。它们对朝廷的扩张主义与黩武主义所做出的批评和谴责就相当尖锐、有力，反映出唐代诗人所具有的独立人格、清醒意识、辩证思维以及忧患百姓的立场。即以高适作于开元二十六年（738 年）的《燕歌行》来说，他实际上已提出一个对战争的节制问题、有理无理问题：

> 汉家烟尘在东北，汉将辞家破残贼。
>
> 男儿本自重横行，天子非常赐颜色。
>
> 㧢金伐鼓下榆关，旌旆逶迤碣石间。
>
> 校尉羽书飞瀚海，单于猎火照狼山。
>
> 山川萧条极边土，胡骑凭陵杂风雨。
>
> 战士军前半死生，美人帐下犹歌舞！
>
> 大漠穷秋塞草腓，孤城落日斗兵稀。
>
> 身当恩遇恒轻敌，力尽关山未解围。
>
> 铁衣远戍辛勤久，玉箸应啼别离后。

少妇城南欲断肠，征人蓟北空回首。

边庭飘飘那可度，绝域苍茫更何有？

杀气三时作阵云，寒声一夜传刁斗。

相看白刃血纷纷，死节从来岂顾勋。

君不见沙场征战苦，至今犹忆李将军。

明人唐汝询解释"男儿本自重横行，天子非常赐颜色"句说："言烟尘在东北，原非犯我内地，汉将所破特余寇耳。盖此辈本重横行，天子乃厚加礼貌，能不生边衅乎？"（《唐诗解》卷十六）高适的反思是意味深长的，尤其是"战士军前半死生，美人帐下犹歌舞"二句"最为沈至"（高步瀛注《唐宋诗举要》引吴汝纶评语），对浴血奋战在前线的广大士兵寄予了深深的同情，并无情地鞭挞了恃勇冒进、轻开战端却不恤士卒、沉湎酒色的上层将领，以及骄纵这些将领的好大喜功的玄宗皇帝。高适的这首诗，因此被近人赵熙评为高适的"第一大篇"。唐人殷璠当时即说高适"诗多胸臆语，兼有气骨"（《河岳英灵集》卷上）。

可是就是这位以和平主义为标榜的大诗人高适（也是李白与杜甫的好友），在唐玄宗发动的对吐蕃与南诏的战争中，却又公开地大声支持那些踏着士兵尸骨领取朝廷犒赏的好战将军，这便与李白的立场形成严重对立。这里仅以对吐蕃战争为例加以叙述。

原来在天宝六载（747年），唐玄宗就命令王忠嗣去攻打吐蕃的石堡城。王忠嗣虽然在天宝元年三战桑干河，取得了对奚、怒皆的胜利，但自身损失也不小。所谓"杀人三千，自损八百"即此。他于是头脑变得清醒些了。他此时竟对皇上有了"抗旨"行为。他回复玄宗的命令说，那石堡城十分坚固，吐蕃是以举国之力固守，恐

怕我军非死数万人不能攻克；还不如厉兵秣马，等待有好的机会，再行动不迟。玄宗听了，十分不爽，便改派董延光率军攻打石堡城，命王忠嗣分兵协助。王忠嗣仍然很抵触，私下里对前来劝说的李光弼说，我怎么能够以牺牲数万将士的代价来保一顶乌纱帽呢！后来董延光出师不利，便把失败的责任推给王忠嗣。奸相李林甫则趁机诬告王忠嗣要叛乱，王忠嗣自然被下狱问罪。唐玄宗又委派王忠嗣的部将、突厥人哥舒翰取代王忠嗣为陇右节度使。天宝八载（749年）六月，哥舒翰率军攻下石堡城，"唐士卒死者数万，果如王忠嗣之言"（《资治通鉴》卷二百一十六）。也就在这一年，遭贬为汉阳太守的王忠嗣病卒于任上。而哥舒翰立了大功，后来兼任河西节度使，封西平郡王。

对哥舒翰的事迹，高适充满了景仰之情。因为他就在哥舒翰幕下任掌书记，所以便不管不顾地一个劲儿地为哥舒翰叫好。他在《同李员外贺哥舒大夫破九曲之作》一诗中说："遥传副丞相，昨日破西蕃。作气群山动，扬军大旆翻。""石城与岩险，铁骑皆云屯。长策一言决，高踪百代存。"另一位诗人储光羲也有《哥舒大夫颂德》诗，盛赞哥舒翰的石堡城功绩。连王维也赶来凑热闹，向朝廷上《贺神兵助取石堡城表》。

在当时朝官与文人几乎一边倒歌颂"神兵天威"的情势下，大致只有李白保持了清醒的头脑。天宝八载或九载（750年），即哥舒翰攻拔石堡城的当年或翌年，李白作《古风五十九首》其十三，该诗后半段写道：

......

赫怒我圣皇，劳师事鼙鼓。

阳和变杀气，发卒骚中土。

三十六万人，哀哀泪如雨。

且悲就行役，安得营农圃。

不见征戍儿，岂知关山苦？

争锋徒死节，秉钺皆庸竖。

战士涂蒿莱，将军获圭组。

李牧今不在，边人饲豺虎。

清乾隆《唐宋诗醇》卷一赞此诗说："极言边塞之惨，中间直入时事，字字沉痛，当与杜甫《前出塞》参看。"日本人近藤元粹《李太白诗醇》亦言："叙来凄惨，使人肝胆凛烈。"其中"战士涂蒿莱，将军获圭组"句，简直就是对哥舒翰的凌厉鞭挞，是对枉死战士的血泪挽歌。天宝九载，李白又作《答王十二寒夜独酌有怀》，其中一节亦对哥舒翰予以着力批判：

......

君不能学哥舒，横行青海夜带刀，
西屠石堡取紫袍。

......

可以想见，李白写这一节时的心情是愤怒极了，也悲恸极了。据说哥舒翰在攻打石堡城时，还对吐蕃的普通民众实施血腥屠杀。《太平广记》载有当时民谣说："北斗七星高，哥舒夜带刀。吐蕃总杀尽，更筑两重壕。"李白大概听说了这段民谣，所以才会在诗歌里说："君不能学哥舒，横行青海夜带刀"。这里当然也涉及诗人对朝廷不顾人民死活，恣意开疆拓土，轻易发动战争的不满或批评。

　　不过，我们也应看到，尽管唐帝国是当时世界疆域最大、国力最强的"超级大国"，可是，无论在外部还是内部，都仍然处于境外强敌和境内少数民族政权的不断包围、威胁之中。有唐一代近三百年间，突厥、契丹、党项羌、回纥、吐蕃及大食（阿拉伯帝国）对唐朝发起的大型攻掠就达百余次之多。即便在唐帝国最为鼎盛的时期，即从开元（713～741 年）中期至安史之乱爆发（755 年）的近三十年内，在漫长的边境线上，没有哪一年停止过武装冲突。在这些冲突中，作为唐帝国一方大体上是正义的、属于自卫反击性质的。对此，范文澜先生曾经发表过自己的看法。他说：

　　　　中国最强大的敌国，一向是北方边境上的行国。这些行国，总是征服西域诸国，阻塞中国与西方的道路。行国以游牧掳掠为业，中国富饶，是掳掠的最好对象。……行国包围中国的北方和西北方，既威胁着中国的安全，又断绝中国与西方诸国经济、文化在陆路上的交流，这对中国和西方诸国都是有害的。中国击败北方行国，援助西方诸国脱离行国的统治，这样的战争，对中国和西方诸国都是有益的。①

　　可以想见，1200 多年前的唐朝君臣与诗人群体也应具有这样的认识；或许不会有这般远大的世界眼光，但却大体明白自家开展的战争在总体上是保家卫国的英雄功业，所以诗人们纷纷用诗歌来反映它，赞美它，从而形成一部波澜壮阔、慷慨激越的边塞诗章——在康熙帝《御定全唐诗》的 4.9 万多首诗中，它足足占了约 2000

---

　　① 范文澜：《中国通史简编》修订本第三编第一册，人民出版社 1965 年版，第 275 页～276 页。

首的篇幅。这样的
比例，在中国诗史
上是独一无二的。
它既是大唐帝国国
民文化心理的一种
普遍写照，也是唐
代诗人文化精神的
一个典型反映。这

《子夜吴歌四首》其三诗意画（选自日本《唐诗选画本》）

些诗人，既包括骆宾王、杨炯、陈子昂、王昌龄、王之涣、王维、
高适、岑参以及李白、杜甫、李颀、李益、卢纶等数十位著名诗人，
也包括大批并不著名的文人士子和将相吏卒，甚至还有皇帝（如太
宗、玄宗），由此而形成一个气宇轩昂、英姿飒爽的边塞诗人群体。
他们或高唱"宁为百夫长，胜作一书生"（杨炯《从军行》）、"男
儿何不带吴钩，收取关山五十州"（李贺《南园十三首》其五），抒
发书生意气、报国情怀；或雄吟"叠鼓遥翻瀚海波，鸣笳乱动天山
月"（王维《燕支行》），"大漠风尘日色昏，红旗半卷出辕门"（王
昌龄《从军行七首》其五），颂扬正义之师的赫赫军威、烈烈声势。
他们有的婉诉"忽如一夜春风来，千树万树梨花开"（岑参《白雪
歌送武判官归京》）、"天山雪后海风寒，横笛遍吹《行路难》"（李
益《从军北征》），描绘边塞旖旎风光、迷离风情；有的放歌"城头
画角三四声，匣里宝刀昼夜鸣"（高适《送浑将军出塞》）、"相看
白刃血纷纷，死节从来岂顾勋"（高适《燕歌行》），抒发唐军将士
为国捐躯的高尚精神和一往无前的英雄气概。再以李白《子夜吴歌
四首》其三为例：

长安一片月，万户捣衣声。

秋风吹不尽，总是玉关情。

何日平胡虏，良人罢远征？

是诗写长安之夜，家家户户都借着月色用杵捣布帛，准备为边塞将士赶制寒衣。诗人用"万户捣衣"的壮阔声势，借助"一片月"、"吹不尽"、"玉关情"的情景交融，展现了大唐帝国同仇敌忾、保家卫国的感人场景，反映出初、盛唐的时代精神不在闺阁而在马上。尽管在后方的思妇是忧郁和哀怨的，但这是因破坏和平安宁幸福生活的"胡虏"而引起的，并且迅速被诗歌所散发的为国家建功立业的荣誉感及昂扬向上的爱国主义与英雄主义所淹没。人们在淡淡的相思之情中，感受到的不是埋怨、消极和抵触，而是豪迈、勇敢与积极进取的盛唐气魄！像这样的诗篇，不用说，只有盛唐诗人才写得出来。

这里顺带解释一下某些读者的疑惑，即思妇们何以偏要在月光下一齐出来"捣衣"？这是因为：其一，白天大抵都有日常家务要做，"捣衣"一类的活儿，便只好放在夜晚忙完家务以后进行了（这可见中国妇女的勤劳与艰辛）。其二，说是"万户捣衣声"，应该不会是长安城的总动员。这里面，诗人夸张的成分是有的，言其多而已。作者的目的，是为"秋风吹不尽，总是玉关情"作场景（规模）的铺垫，强调的重心是无数的妇女对前方战士（良人）那绵绵不尽的相思情。

我们当然也无须回避：唐朝对境内外少数民族政权的战争也有非正义的、掠夺性的、侵略性的一面。范文澜先生就曾将唐代边塞战争分作两类：一是如对突厥与吐蕃的战争，打通了中西交通，对

中国和四邻都有利；二是如对高丽的战争，属于侵略性战争。① 其实，即便是对突厥与吐蕃的战争，尽管从总体上看，其正义性不可置疑，但在某些时候，某些局部地区，也的确表现出唐朝统治集团的扩张主义与穷兵黩武。这些，以李白为代表的不少唐代诗人也给以了密切关注，并在他们的诗歌中予以了批评和谴责。而李白作为以爱国主义为基础的和平诗人兼战士诗人的哲学价值正体现在这里。与此同时，李白以及其他始终保持清醒头脑的理性诗人亦大抵懂得在周边强敌环伺、虎视眈眈的形势下，倘一旦松懈武备，失去主动，则大唐社会的繁荣，国家的稳定，人民生活的安康均无从谈起。故而李白在《战城南》诗里指出"乃知兵者是凶器"的同时，也挑明"圣人不得已而用之"的道理。《老子》第三十一章说："兵者不祥之器，非君子之器，不得已而用之。"谈的就是对战争一分为二的辩证法。李白自然深会其意，所以他对唐王朝的对外战争总体上并不持反对的态度，但在具体问题上则或褒或贬，并非一概而论。因为他既拥有道家的头脑，又属于爱国志士的行列，所以就既主张和平主义，也抱有英雄主义的战斗情怀。

四、误入李璘幕

天宝十四载（755 年）十一月九日，平卢、范阳、河东三镇节度使安禄山以诛权相杨国忠为名，在范阳（治今北京）举兵十五万（号称二十万），正式造反，兵锋所向，直指两京（洛阳、长安）。时"禄山乘铁舆，步骑精锐，烟尘千里，鼓噪震地"（《资治通鉴》

---

① 参见范文澜：《中国通史简编》修订本第三编第一册，人民出版社 1965年版，第 276 页，第 301 页~302 页。

卷二百一十七)。当时内地军民已百余年没有听到金鼓之声，铠甲、兵杖都锈蚀坏了，哪里抵御得住蓄谋已久、马肥兵壮的叛军铁骑的猛烈冲击。史载叛军"所过（河北）州县，望风瓦解，守令或开门出迎，或弃城窜匿，或为所擒戮，无敢拒之者"（《资治通鉴》卷二百一十七）。十二月十二日，洛阳陷落。天宝十五载正月，安禄山"即帝位，国曰大燕，自称雄武皇帝"（姚汝能：《安禄山事迹》卷下）六月初九，潼关失守。十三日黎明，唐玄宗率杨贵妃姐妹、皇子、公主、皇孙及亲近大臣、宫人一行与护卫羽林军凡万余人从延秋门仓皇逃出长安，往西南狼狈奔蜀；十四日即在马嵬坡（在今陕西兴平县西12.5公里处）上演了一出"宛转蛾眉（杨贵妃）马前死"，"君王（唐玄宗）掩面救不得"（白居易：《长恨歌》）的千古悲剧。差不多同时，西京易主。安禄山遣叛兵"大索长安三日而后止"（姚汝能：《安禄山事迹》卷下）。他的儿子安庆绪、部下史思明则继续率军摧枯拉朽，横扫半个中国……

唐玄宗自先天元年（712年）受禅即位，前期堪称励精图治而夙兴夜寐，于开元二十八年（740年）将唐王朝社会经济推到极盛。《资治通鉴》卷二百一十四称该年"天下县千五百七十三，户八百四十一万二千八百七十一，口四千八百一十四万三千六百九。西京、东都米斛直钱不满二百，绢匹亦如之。海内富安，行者虽万里不持寸兵"。后来杜甫有《忆昔二首》其二吟道：

> 忆昔开元全盛日，小邑犹藏万家室。
>
> 稻米流脂粟米白，公私仓廪俱丰实。
>
> 九州道路无豺虎，远行不劳吉日出。
>
> 齐纨鲁缟车班班，男耕女桑不相失。

宫中圣人奏云门，天下朋友皆胶漆。

百余年间未灾变，叔孙孔乐萧何律。

……

可是进入天宝（742～756年）以后，唐玄宗"自恃承平，以为天下无复可忧"（《资治通鉴》卷二百一十六）而意志消退，先后将权柄委于奸佞李林甫、杨国忠，造成官吏贪渎，腐败丛生，内地军备松弛；西北和北方各军镇则以防范边患为名而重兵屯集，形成尾大不掉之势。唐玄宗却毫无戒心，深居禁中，除了日夜与杨贵妃卿卿我我，玩儿女情长之外，还沉湎于梨园歌舞的声容之娱

唐玄宗醉心歌舞（选自明万历刻《历代帝鉴图说》）

中。他自己因此倒成了中国文化史上的一位大情圣和梨园祖师爷，却把好端端的一个鼎盛大唐推到急剧衰落的悬崖边上。《新唐书·玄宗本纪》对其如是"赞曰"："方其励精政事，升元之际，几致太平，何其盛也！及侈心一动，穷天下之欲不足为其乐，而溺其所甚爱，望其所可戒，至于窜身失国而不悔。考其始终之异，其性习之相远也至于如此。可不慎哉！可不慎哉！"

唐宪宗元和元年（806年），时任盩厔（今陕西周至）县尉的白居易与友人陈鸿、王质夫在该县游仙寺反思"安史之乱"，遂由

白氏执笔，写下长篇歌行《长恨歌》（陈鸿另作传奇《长恨歌传》）以警世人：

> 汉皇重色思倾国，御宇多年求不得。
>
> 杨家有女初长成，养在深闺人未识。
>
> 天生丽质难自弃，一朝选在君王侧。
>
> 回眸一笑百媚生，六宫粉黛无颜色。
>
> 春寒赐浴华清池，温泉水滑洗凝脂。
>
> 侍儿扶起娇无力，始是新承恩泽时。
>
> 云鬓花颜金步摇，芙蓉帐暖度春宵。
>
> 春宵苦短日高起，从此君王不早朝。
>
> 承欢侍宴无闲暇，春从春游夜专夜。
>
> 后宫佳丽三千人，三千宠爱在一身。
>
> 金屋妆成娇侍夜，玉楼宴罢醉和春。
>
> 姊妹弟兄皆列土，可怜光彩生门户。
>
> 遂令天下父母心，不重生男重生女。
>
> 骊宫高处入青云，仙乐飘飘处处闻。
>
> 缓歌慢舞凝丝竹，尽日君王看不足。
>
> 渔阳鼙鼓动地来，惊破霓裳羽衣曲。
>
> 九重城阙烟尘生，千乘万骑西南行。
>
> ……

清人沈德潜在所编《唐诗别裁集》卷八《长恨歌》后评议道："此讥明皇之迷于色而不悟也，以女宠几于丧国。""不悟"正是白氏《长恨歌》之所以以"长恨"为题的原因，也是《长恨歌》中唐玄宗与杨贵妃爱情的悲剧力量之所在。只是他俩缠绵悱恻，令万

千人争相传诵①的凄美绝唱却是以"几于丧国"的沉重代价谱写出的——这样的反思无疑是深刻的，也是非白居易而不能得出的。史载白居易"敏晤绝人"而观察敏锐，"始以直道奋，在天子前争安危，冀以立功，虽中被斥，晚益不衰"（《新唐书·白居易列传》）。再说他对"安史之乱"的观察与反思，乃当中唐国运日蹙、政治危机益重之际作出的——强烈的责任感迫使他去从前朝谬戾中寻找"警世通言"。而此时距马嵬之变过去已整整半个世纪。后来人看前朝史，自然洞若观火。

那么，这样的观察与反思，在半个世纪之前的李白那里是否有过？或者说，当时的李白是否具有像白居易那样比较敏锐的政治眼光而能及时捕捉到"安史之乱"形成前的某些征兆呢？应该说，李白尽管在政治上很天真，但却不傻。出于对唐玄宗与杨贵妃的感恩思想，李白不会去对他俩的私生活品头论足，说三道四，但却往往能从战略层面、从更宏大的政治角度嗅出某些足以破坏社稷基石的疠烟邪气。

在安禄山（703～757年）正式起兵前三年，即天宝十一载（752年）十月至十二月，李白曾北游范阳（治蓟县，今北京城西南）——安禄山势力范围的核心地带进行探察。范阳即汉代的幽州，天宝元年（742年）改范阳郡，属方镇建制，为玄宗时边防十节度使（实为九节度使、一经略使）之一。节度使系方镇最高军事行政长官，拥有皇帝授予的双旌双节，总揽一区的军、民、财政。

---

① 沈德潜《唐诗别裁集》卷八注引唐人资料说："时有一妓夸于人曰：'我能诵白学士《长恨歌》，岂与他妓等哉！'诗之见重于时如此。"

安禄山是突厥人，出生于营州柳城（今辽宁朝阳），最初姓康，名轧荦山（在突厥语中是"战斗神"的意思），以后随母嫁突厥人安延偃，改姓名为安禄山。姚汝能《安禄山事迹》说他曾为诸蕃互市牙郎（中间人、掮客），"奸贼残忍，多智计，善揣人情，解九蕃语"。他的这些秉性与本领，使他在唐军中窜升很快：33 岁上就做到平卢将军的位置，37 岁即为平卢军兵马使，39 岁出任第一任的平卢节度使、左羽林大将军兼柳城太守……到他造反前四年（天宝十载），已是平卢、范阳、河东三镇节度使，拥兵二十余万众，据天下兵力之半。今天的河北、内蒙古、乃至黑龙江以北、乌苏里江以东的广大地区都是他的势力范围。他靠贿赂收买人心，费尽心思讨好于醉心歌舞艺术的唐玄宗、杨贵妃，以肥大笨重的身躯将胡旋舞跳得"疾如风马"，因此成为杨贵妃的"养儿"，又同杨贵妃姐妹结为兄妹；但杨贵妃的堂兄、奸相杨国忠并不买账。他因与安禄山争权夺利的关系，一直对后者存有戒心。他从天宝十二载（753 年）起屡屡奏告"禄山必反"，然而玄宗却以为他争风吃醋而更加宠护安禄山，听不进任何不利于后者的话。

不过，在杨国忠正式发出"禄山必反"的预警之前一年，即天宝十一载，从长安重归江湖的李白在漫游了黄河中下游流域与东南胜地之后，又一路北上，驱马行走燕赵故地，在那里盘桓了两三个月（十月抵范阳，十二月方离开）。他此行的目的，是既打探安禄山虚实，又寻求建立军功的机会。他深入安禄山统治的腹地——今北京城西南至河北涿州、天津蓟县一带，看见安禄山对外四处侵掠（不断兴兵对奚人与契丹进行掠夺），对内横征暴敛，用搜刮来的民脂民膏扩充军备，招兵买马，日夜操练；各军营森严壁垒，刀戈锵

铿；城区内军队巡逻，杀气凛人；百姓皆衣衫褴褛，形销骨立，低头不语，行色匆匆……

时已进入寒冬，雪花漫天飞舞，从渤海湾上吹来的东南风夹着阵阵血腥味，令已着皮袍的李白在感到阵阵寒意之外，又多了一份恐惧。此前一年，即天宝十载（751年）冬，李白拟从大梁（今河南开封）北上范阳之际，便听说安禄山正磨刀霍霍，为南侵中原秣马厉兵。他因此作《留别于十一兄逖裴十三游塞垣》诗以明志，中有"且探虎穴向沙漠，鸣鞭走马凌黄河"句，这说明李白是抱着牺牲精神，怀着勇闯贼巢的决心去范阳为国家探明究竟的。现在传闻在他眼前得到证实，可是李白既愤怒又无奈。他而今只是一位遭朝廷放逐的布衣，到哪里去向国家报警，到哪里去发表自己的心声？李白的痛苦到了极点，难过到了极点。他当时一定写下了不少诗文来记述这种痛苦与难过，惜乎传世者仅《北风行》（中有"燕山雪花大如席"句）等二三首。

唐肃宗乾元二年（759年）秋，李白在长篇古风《经乱离后天恩流夜郎忆旧游书怀赠江夏韦太守良宰》[①]中也提到七年前的这段经历和感受：

> ……
>
> 十月到幽州，戈鋋若罗星。
>
> 君王弃北海，扫地借长鲸。
>
> 呼吸走百川，燕然可摧倾。

[①] 此诗凡一百六十八句，一十四韵，八百三十字。清人管世铭《读雪山房唐诗序例》谓之"太白生平略具，纵横恣肆，激宕淋漓，真少陵《北征》劲敌！"

心知不得语，却欲栖蓬瀛。

弯弧惧天狼，挟矢不敢张。

揽涕黄金台，呼天哭昭王。

无人贵骏骨，绿耳空腾骧。

乐毅倘再生，于今亦奔亡。

蹉跎不得意，驱马过贵乡。

……

　　这里"戈鋋如罗星"，是说长戈短矛（鋋）如星云罗布，形容兵器众多，警示安禄山要造反。"君王弃北海"以下是说唐玄宗把北方广大土地（约当三分之一的国土面积）拱手送给安禄山，令其悄然坐大，像巨鲸一般，呼吸之间，使百川沸腾，连燕然山脉也能被轻易摧毁。我欲复归江湖，责任却不允许。那安禄山就是嗜好侵掠的天狼星，我欲弯弓射它，惜力所不逮，情亦有所忌惮（安禄山当时还是朝廷宠儿），只好吁请天下贤才都来为国纾难。所以希望朝廷能重筑黄金台，再现"燕昭延郭隗"故事。只是我空有一身好本事却已不受朝廷待见（有如被迫离燕的乐毅），无处投效，无路进言，蹉跎失意间，只好自幽州回归江夏（途经魏州贵乡县，故址在今河北大名县东北）……

　　李白自范阳归来后，一直处于郁闷惆怅的状况。他的歌诗《远别离》（大约作于天宝十一载末或十二载初）便反映了这种心态：

　　……

日惨惨兮云冥冥，猩猩啼烟兮鬼啸雨。

我纵言之将何补？

皇穹窃恐不照余之忠诚，雷凭凭兮欲吼怒。

尧舜当之亦禅禹，君失臣兮龙为鱼，

权归臣兮鼠变虎。

或云尧幽囚，舜野死。

九疑联绵皆相似，重瞳孤坟竟何是？

……

是诗写作，正当奸相李林甫死，另一奸佞杨国忠继掌权柄，安禄山更受重用，气焰正炽，其拥有的"精兵天下莫及"（《资治通鉴》卷二百一十六）之时。李白以帝尧、舜、禹及娥皇、女英（尧之女，舜之妃）的传说，来寓言倘人君失权，则江山社稷乃至自身与家人均难以相安的道理。元人萧士赟在《分类补注李太白诗》中言"太白此诗，熟识时病，欲言则惧祸及己，不得已而形之

唐玄宗宠幸安禄山（选自明万历刻《历代帝鉴图说》）

诗章，聊以致其爱君忧国之志而已。……诗意切直著明，流出胸臆，非识时忧世之士、怀存君忠国之心者，其孰能与于此哉！"值得注意的是，李白这首歌诗，用的是乐府《远别离》旧题，讲的是潇湘二妃（娥皇、女英）与帝舜生离死别的故事，不料却一语成谶，在两三年后的"安史之乱"中以马嵬之变而得到应验。正是从这个角

度看李白，他在政治上并不失远见，且往往目光独到，出言不凡，具有振聋发聩之力。只是李白当时远离政权中枢，玄宗听不到。他自然也帮不上人君的忙，不能替人君分忧，徒唤奈何而已。

正是由于李白在较长时期中都处于报国心切而又苦于有力无处使，有话无处讲的焦虑状态，致使他在接下来有机会再次（第一次是"供奉翰林"时期）践行其"愿为辅弼，使寰区大定，海县清一"（《代寿山答孟少府移文书》）的"事君"之梦时，却头脑发热，饥不择时，误打误撞地错入永王李璘幕下，上演了一出甚为尴尬的政治反转剧。

"渔阳鼙鼓动地来，惊破霓裳羽衣曲。"（白居易：《长恨歌》）天宝十四载（755 年）十一月九日，"安史之乱"终于爆发了。此时李白刚从江南返回梁园（又称梁苑，在今河南开封，一说在今河南商丘）家中，听说叛军剑锋直指中原，遂携妻子宗氏随大批士人匆忙踏上南逃的道路。他们经千里颠沛辗转，最后于天宝十五载（亦是肃宗至德元载，756 年）秋避居于庐山屏风叠。从上年底至这年底，在整整一年的时间里，李白一直处于心急如焚，坐卧不安的状态中。其间写了不少强烈抨击安禄山分裂国家、残害人民的诗作，屡屡表示要为君王分忧，为社稷解难。他的《奔亡道中五首》（作于天宝十五载春）便是这种心绪的吐露。其第五首吟道：

> 森森望湖水，青青芦叶齐。
>
> 归心落何处，日没大江西。
>
> 歇马傍春草，欲行远道迷。
>
> 谁忍子规鸟，连声向我啼？

末句中的"子规鸟"，即杜鹃鸟，传说为古蜀国王杜宇魂魄所

化，常夜啼，声音凄切。其鸣声若"归去"。李白大致是于南奔途中在宣城（今安徽宣州）听到子规啼叫的，那急促的"归去""归去"的呼声连连撞击他正在滴血的心房，使他凄苦难当。

他在组诗的第三首里正式表达了他欲在军中谋取高位，以率军打回中原的愿望：

> 谈笑三军却，交游七贵疏。
>
> 仍留一支箭，未射鲁连书。

他又一次想起了战国的鲁仲连，想起了他那彪炳史册、为齐国夺回聊城的帛箭书。明人朱谏释李白此诗说："言我于谈笑之间可以却乎三军。我于权贵之门无有交游之迹，所以虽有却敌之策，终无可试之地。如有用我者，当如仲连以一箭之书而成聊城之功也。"[1] 李白因为青少年时代熟读纵横家书，自认为本领学到家了，对自己信心满满，很想在实战中大秀一把，干出一番惊天动地的伟业来。就在他写出上述组诗后的这年十二月，这个机会来了。而召唤他去"却乎三军"的人，正是指挥唐朝在南方打击安禄山叛乱的统帅永王李璘。

此前七月十五日，唐玄宗在逃亡成都途中，听从宰相房琯（时为文部侍郎、同平章事）的建议，向各皇子[2]正式下达分置的制诏：

---

① 转引自詹锳主编《李白全集校注汇释集评》第六册，百花文艺出版社1996年版，第3108页。

② 据《资治通鉴》卷二百一十八，天宝十五载七月十二日，太子李亨已在灵武（今甘肃灵武）郡城南楼即位为新皇，是为唐肃宗，尊玄宗为上皇天帝，改天宝十五载为至德元载。直至八月十二日，玄宗才在成都闻知这一消息。八月十八日，玄宗派宰相韦见素、房琯等携传国宝玉册去灵武予以追认，自己则称太上皇。

151

"以太子亨充天下兵马元帅，领朔方、河东、河北、平卢节度都使，南取长安、洛阳，以御史中丞裴冕兼左庶子，陇西郡司马刘秩试守右庶子；永王璘充山南东道、岭南、黔中、江南西道节度都使，以少府监窦绍为之傅，长沙太守李岘为都副大使；盛王琦充广陵大都督，领江南东路及淮南、河南等路节度都使，以前江陵都督府长史刘汇为之傅，广陵郡长史李成式为都副大使；……应需士马、甲仗、粮赐等，并于当路自供。其诸路本节度使虢王巨等并依前充使。其署置官属及本路郡县官，并任自简择，署讫闻奏。"（《资治通鉴》卷二百一十八）

当时盛王琦等"皆不出阁，惟璘赴镇"（《资治通鉴》卷二百一十八），这样，永王璘便想把盛王琦的辖区也囊括进他的势力范围，这便会在事实上造成中央完全失去江淮财富——唐王朝的经济命脉——的严重局面。这对已登上大位的李亨当然是一个大忌。作为玄宗第十六子的李璘虽"聪敏好学"，却因长居深宫，"遇事不通晓"（《新唐书·十一宗诸子列传》）。他在跟玄宗入蜀途中接受分置制诏之时，也不知道他的三哥、皇太子李亨已擅自做了皇帝。他离开玄宗后于九月间到达江陵（治今湖北荆州市旧江陵县），看见其所领四道节度都使的江淮租赋财货山积于此，价值达钜亿万，便开始有些想法了。再加上他的儿子襄城王瑒与谋士薛镠等的撺掇——说什么"今天下大乱，惟南方完富，璘握四道兵，封疆千里，宜据金陵，保有江表，如东晋故事"（《资治通鉴》卷二百一十九）——头脑更加发热，遂开始大肆招士聚贤，补署郎官、御史，"募士得数万"（《新唐书·十一宗诸子列传》）。当然，如按玄宗当初的"制"意，这在形式上并无不可。但肃宗似乎看透了这个从小由他"鞠

养，常抱之以眠"（《资治通鉴》卷二百一十九）的莽撞小弟的心思——"有窥江左意"（《新唐书·十一宗诸子列传》），于是便于十一月间下诏要李璘回到成都太上皇身边去侍奉。李璘非但不从，还"以浑惟明、季广琛、高仙琦为将"，从江陵"引舟师东下"，以"东巡"为名直趋金陵。消息传到成都，唐玄宗以太上皇名义将李璘"废为庶人"（《新唐书·玄宗本纪》）。与此同时，唐肃宗召李白好友、时任谏议大夫的高适来商议，并接受高适建议，以高适为淮南节度使（新置），领广陵等十三郡；以来瑱为淮南西道节度使（新置），领汝南等五郡。两支兵力雄厚的大军再与江东节度使（治杭州）韦陟遥相呼应，将永王璘的军队置于腹背受敌的境地。不过，当时永王还不知道这个危险情况（他以为肃宗正面临安禄山、史思明的大军压境，不敢分兵南顾），一边继续向金陵进发，准备最终将落脚点放在此地；一边四处寻访俊杰，搜罗人才……永王幕下的谋士、也是李白老友的韦子春就是在这种形势下上庐山三顾李白茅庐的。

至德元载十二月底，永王璘的水军船队暂泊于寻阳（今江西九江），让韦子春上庐山征辟李白入幕。当时永王幕中拥有薛镠、李台卿、刘巨鳞、蔡驹以及韦子春等谋士，但却缺乏一位名满天下，足可以一举夺国人眼球的大名士。而李白正是这样一位大名士。永王知晓韦子春是李白多年的至交后，十分高兴，特地让水军在寻阳停泊，等待他从庐山带回的好消息。

唐玄宗于七月间下达分置制诏的事，属当时国家大事，李白于此当是知晓的；但十二月间玄宗又下诏废永王璘为庶人一事，由于时间太近，李白不会知道。各种史籍都说永王以"东巡"名义"沿江而下"时，"军容甚盛，然犹未露割据之谋"（《资治通鉴》卷二

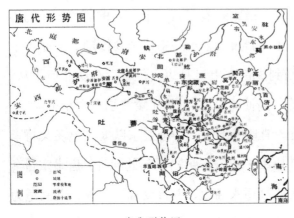

唐代形势图

百十一九）。所以当时李白接到韦子春带来的永王征辟公文，应当不会有所怀疑。"安史之乱"发生后，李白一直苦于没有机会为国效力，今永王璘辟书到手，自然满心欢喜。只是他是一位名动四方的天纵之才，岂能轻易就应永王之召？于是便效法他仰慕的前辈诸葛亮、谢安，要三请方出。① 这在后人来看当然有些矫情、有些显摆的意味，但在他却是其自信乃至自负、自大秉性使然。而时人也颇谙其理，所以韦子春也耐心而谦恭地三次携辟书上庐山屏风叠，给足了李白的面子，以维持李白在世人面前高亢独行、高视阔步的形象。这也使李白在尔后《与贾少公书》（作于至德元载十二月或至德二载正月，李白下山之后）中得以夸耀一笔：

> 宿昔惟清胜。白绵疾疲苶，去期恬退，才微识浅，无足济时。虽中原横溃，将何以救之？王命崇重，大总元戎，辟书三至，人轻礼重。严期迫切，难以固辞。扶力一行，前观进退。

这段文字的中心意思就是天下大乱，惟我李白可以扶大厦于将倾，挽狂澜于既倒。所以他是怀着"天将降大任于斯人也"（《孟

---

① 《三国志》卷三十五《诸葛亮传》："先主（刘备）遂诣亮，凡三往，乃见。"《世说新语》卷下《排调》："谢公在东山，朝命屡降而不动。后出为桓宣武司马。"

子·告子下》）的心情，欢欢喜喜下山的。他后来在《为宋中丞自荐表》（约作于至德二载由寻阳狱释出之后）中说"避地庐山，遇永王东巡胁行"；在《经乱离后天恩流夜郎忆旧游书怀赠江夏韦太守良宰》（作于乾元二年秋）诗中说"半夜水军来，寻阳满旌旗。空名适自误，迫胁上楼船"云云，都不是事实。因为当时永王璘与韦子春并没有任何胁迫的行为，是李白自觉自愿，并做够了"过场"后，高高兴兴下的山。他在下山途中，写了一首题为《赠韦秘书子春》的诗给韦子春（在"安史之乱"前曾在朝中任秘书省著作郎）。其中有云："气同万里合，访我来琼都。披云睹青山，扪虱话良图。"这表明他与韦子春意气相投，是共同的目标让他们走到了一起，断非"胁迫"。

李白大约是在至德元载十二月下旬下的庐山。至德二载正月到达永王璘驻扎在寻阳江边的水军军营中。永王看见仰慕已久的当代大文人竟然活生生地出现在眼前，那兴奋与得意的

黄金台遗址（河北易县燕下都遗址）

劲儿就甭提了，立即大摆宴席大行招待。席间永王旗下的一众文武吏员频频举杯恭贺永王终得举世公认的天字一号大人才（是太白金星下凡）。而李白也如沐春风，视永王为在易水畔高筑黄金台、广延天下士的当代燕昭王，他自己则是鲁仲连，于是喜作古风《在水军宴赠幕府诸侍御》一首以纪事：

……

霜台降群彦，水国奉戎旃。

绣服开宴语，天人借楼船。

如登黄金台，遥谒紫霞仙。

卷身编蓬下，冥机四十年。

宁知草间人，腰下有龙泉。

浮云在一决，誓欲清幽燕。

愿与四座公，静谈《金匮》篇。

齐心戴朝恩，不惜微躯捐。

所冀旄头灭，功成追鲁连。

　　李白此时又有了天宝元年奉诏进京时的那种"我辈岂是蓬蒿人"（《南陵别儿童入京》）的良好感觉，再一次地处于春风得意、踌躇满志的精神自美中，哪里得见一点儿"迫胁"的影子？

　　古来许多文人，甚至包括当代不少学者都为李白讳，以为李白误入李璘幕是他一生的大污点而尽力予以转圜、开脱。其实并无必要。但李白何以要用"胁行""迫胁"等词汇描绘自己的出山状态呢？是为李白纵横家术而已，诡道而已。李白写上述一表一诗时，正逢其"附逆"案未结及刚结之时，而他则渴望尽快投入新一轮的政治、军事斗争，急于建功立业，继续去圆自己朝思暮想的报国梦、出将入相梦。须知至德二载（757年）李白作《为宋中丞自荐表》时，"安史之乱"的始作俑者安禄山被其子安庆绪所杀（至德二载正月），郭子仪率朔方军及回纥与西域联军已收复长安；而乾元二年（759年）作《……赠江夏韦太守良宰》时，李光弼刚在河阳（今河南孟县西）大败史思明。这两个关节点的出现，都使李白心急火燎，以为动乱恐不

会持续太久，时不我待，如不赶快抓紧，则自己施展身手、报效国家的机会将会很快流失。所以李白急切需要自证清白，迅速从所谓"附逆"案中完全脱身，以期赶上平定"安史之乱"的末班车。这应是李白在上述一表一诗里诳称自己系受"迫胁"而上永王璘贼船的真实原因，也是今人应该理解他、不应苛责他的道理所在。①

五、至死不渝的爱国者

永王璘大致是在至德元载（756 年）十二月下旬，即肃宗要他"归觐于蜀"（十一月）的一个月后与兄长反目的。事情的起因是苏州的吴郡太守兼江南东路采访使李希言以"平牒"就是以方镇间平等来往的公文诘问永王：为什么要擅自引兵东下？永王受到这等不知天高地厚的挑衅性语言的攻击，悖然大怒，即派浑惟明率军攻吴郡李希言，季广琛攻广陵（治今江苏扬州）李成式，他自己则统兵攻到当涂（今安徽当涂），江、淮乃至全国为之大震，皆视之为继安禄山、史思明之后的又一造反之举。于是"高适与来瑱、韦陟会于安陆，结盟誓众以讨之"（《资治通鉴》卷二百一十九）。但永王璘的堡垒首先是在内部被攻破的：先是由大将季广琛发难。他知道力量的天平不在永王这边，便煽动诸将领与之决裂，免背"叛逆"之名，而将兵力真正用在讨伐安、史二贼上。众将士厌恶内战，即作星云散，使得永王真的成了孤家寡人（身边大将只剩高仙琦一

①　郭沫若先生在《李白与杜甫》一书里为李白自称的"胁行""迫胁"予以辩解与开脱，甚至干脆指李白载有"遇永王东巡胁行"句的《为宋中丞自荐表》本身就是假货，是"当时肃宗朝廷里面认为李白该杀的一批人的任意栽诬"；但又说，假如真是李白手笔，则李白"就太不光明磊落了"。（参见《李白与杜甫》，人民文学出版社 1971 年版，第 118 页、119 页）

人）。二月间，他南走岭外，在大庾岭（在今江西西南边、广东北部）为江西采访使皇甫侁擒获杀掉。事后回过头来看，李希言以"平牒"诘问永王，本身就是唐肃宗与他联合设计的一个圈套。（李希言本属于盛王阵营，因永王璘剑指江南而倒向肃宗一边，以求自保）李希言为官数十载，如何不知尊卑贵贱？他却偏要以平等的方式与身为亲王的永王璘对话并责难他，意在逼其动武。① 而长期在宫中娇宠惯了，"不更人事"而又血气方刚的永王果然中套而造成"叛逆"的事实，于正与安、史叛军艰苦激战的全国大局当然不容。他的众叛亲离，并最终走向覆灭，当是意料中的事。

当时不仅大多数文臣武将已看到这个趋势，就是许多诗人文士也心知肚明，拒绝永王征聘，如萧颖士、孔巢父（系与李白等于开元二十八年同隐山东徂徕山的"竹溪六逸"之一）。《新唐书·文艺中·萧颖士列传》说，萧颖士在金陵时，"永王璘召之，不见"。够酷的了。《新唐书·孔巢父列传》则讲永王璘举兵江淮时，"辟署幕府，不应，铲迹民伍。璘败，知名"。他以"不应"永王征召而博得了政治资本，受皇帝青睐而官运亨通，死后皇帝赠其尚书左仆射，谥曰"忠"。最耐人回味的是李白的好友、诗人高适的厉害眼力。《新唐书·高适列传》说他曾以谏议大夫身份力阻玄宗于天宝十五载的诸王分镇制诏，"盛言不可"。以后永王真的走上了叛变之路，他又对肃宗讲永王必败，"不足忧"，后来永王果然败亡。《新

---

① 《新唐书》卷八十二《十一宗诸子列传》载永王璘对李希言"平牒"事发怒曰："寡人上皇子，皇帝弟，地尊礼绝。今希言乃平牒抗威，落笔署字，何邪？"宋人庄季裕《鸡肋编》卷下亦记："璘虽有窥江左之心，而未露其事，吴郡采访李希言乃平牒璘，大署其名，璘遂激怒。"

唐书》本传还讲他："未度淮，移檄将校，绝永王，俾各自白，君子以为义而知变。"看来永王璘阵营的众部将与主子割袍断义，站到肃宗一边，还主要得力于高适晓以大义的引导之功。

高适劝导将校的檄文（应该不止针对永王阵营，也包括永王所觊觎的盛王辖区的将校），不知李白看到没有？或许看到了，却并不感冒，仍然一厢情愿地追随永王，为他说好话，替他唱赞歌。他的"附逆事实"是很明显的，所以他在至德二载（757 年）二月永王兵败以后，很快就被朝廷逮捕，送到浔阳狱中关押起来，等待判决。许多人（包括以前吹捧他的，嫉妒他的）都向朝廷进言，说他李白曾蒙受浩荡皇恩，却不思恩图报，而与叛逆者一个鼻孔出气，不该留，该杀！杜甫《不见》诗："世人皆欲杀，吾意独怜才……"讲的就是李白系狱后几年间的情形。①

李白"附逆"最"铁证"的文字材料，就是他作于至德二载正月的《永王东巡歌十一首》。里面有许多奇思妙想，成为当时人，还有唐以后的古人乃至现代人指证李白的一条条钢鞭。其中最铁最钢的一条就是向永王璘提出建都金陵、自立南朝的谋划。如认为李白在第二首《东巡歌》里说"四海南奔似永嘉"，用晋代永嘉南渡（建都建康，即唐金陵，今南京）的故事暗示永王璘当以金陵为根据地；在第三首里说"云旗猎猎过浔阳"，"秋毫不犯三吴悦"，夸耀永王璘部队军威赫赫，纪律严明，不愧帝王之

① 杜甫《不见》诗作于肃宗上元二年（761 年）寓蜀期间。其时高适在彭州（治今四川彭州）刺史任上一年多（《新唐书·高适列传》言适："未几蜀乱，出为蜀、彭二州刺史。"高适实在乾元元年七月出为彭州刺史）后，又改任蜀州（治今四川崇州）刺史，下年高适代为西川节度使（治今四川成都）。杜诗"世人皆欲杀"，当包括以高适为代表的西蜀上层舆论。

师；在第四首里说"帝子金陵访古丘"，"春风试暖昭阳殿"，比喻永王璘到访金陵，有如春风送暖，让古老的宫殿焕发生机；在第五首里说"诸侯不救河南地，更喜贤王远道来"，盛赞永王璘率军远征，勇赴国难；……到第九首①更不像话——竟去将永王璘比做太宗文皇帝（谥曰文）：

祖龙浮海不成桥，汉武寻阳空射蛟。

我王楼舰轻秦汉，却似文皇欲渡辽。

唐·阎立本绘李世民画像

此诗系用贞观十八年至十九年（644～645年）唐太宗征辽东（时为高丽所据）事。据《资治通鉴》卷一百九十七的记载，贞观十八年，太宗遣张亮从山东莱州泛海趋辽东，李世勣从辽西走廊渡辽河攻辽东城（今辽宁辽阳）。翌年五月，太宗亲自抵达辽东城下督战，终于击败高丽军，攻克城池；但进攻安市（今辽宁盖平东北）却遇强阻，攻八十八日未果，只得

---

① 郭沫若先生在《李白与杜甫》里称李白《永王东巡歌》第九首："无疑是永王幕府中人所增益，但却为永王提供了一个罪状，便是有意争夺帝位，想做皇帝了。"（《李白与杜甫》，人民文学出版社1971年版，第95页）元人萧士赟《分类补注李太白诗》则早已指出李白此诗"伪赝无疑"。但今人瞿蜕园、朱金城《李白集校注》又以为："萧氏所谓用事非伦，即明人游潜《梦蕉诗话》所谓公然以天子之事为永王比拟，不无启其觊觎之心，适成其为庸俗之见。此篇正其自写抱负。"（《李白集校注》，上海古籍出版社1980年版，第553页）

于九月间班师回朝。辽东之战，劳师远征，虽取得一定战绩，损失却巨大，是一次不成功的战役。太宗"深悔之，叹曰：'魏徵若在，不使我有是行也！'"（《资治通鉴》卷一百八十九）李白《东巡歌》第九首意不在此，而是取唐太宗泛海渡辽的战术方法。《东巡歌》第十首则亮出了李白的底牌：

> 帝宠贤王入楚关，扫清江汉始应还。
>
> 初从云梦开朱邸，更取金陵作小山。

在前述第九首，李白提出效仿唐太宗用舟师从海路北上直捣幽燕——安禄山、史思明的老巢，本首顺势提出舟师自当有立足地，这就是金陵。诗中的金陵指金陵山，即今南京钟山（又称紫金山）。小山，乃用西汉淮南王（刘安）小山事。郭沫若先生认为："此处是说要把紫金山作为永王苑里的'小山'，显示了永王有以江宁为根据地的用意。"[1] 其实，这既是永王璘的意图（如前举《资治通鉴》卷二百一十九载薛镠等为永王谋划："宜据金陵，保有江表，如东晋故事"），也是李白向永王奉献的理想蓝图（李白或许并不知道薛镠等的谋划）。不过，李白虽有代永王筹划南北朝对立的宏伟构想，然而他心中的对立面却并非肃宗李亨的朝廷，而是正在北方作乱的安、史叛军。他构想的在金陵建都的政权，也不属于永王璘，而属唐玄宗。显然，李白是将永王视做唐玄宗在江淮的代表。李白第十一首《东巡歌》正点出了他这个构想的指归：

> 试借君王玉马鞭，指挥戎虏坐琼筵。
>
> 南风一扫胡尘静，西入长安到日边。

---

① 郭沫若：《李白与杜甫》，人民文学出版社 1971 年版，第 96 页。

　　李白讲，永王璘受天子命北上平定叛乱，而他自己则是大将军谢安（李白《东巡歌》第二首有云："但用东山谢安石，为君谈笑静胡沙。"），稳坐于庆功宴上挥斥敌俘，以金陵为战略根据地和出发点来掌控全局，指挥唐军（南风）扫荡叛军，西入长安恢复故国。

　　看罢《东巡歌》这最后一首，我们便会明白：整个《东巡歌》十一首组诗，虽有不少措词不当处（如将永王璘比做唐太宗），但决不是反诗：不是李白自己的反诗（或代永王璘立言的反诗），从中也读不到永王璘的谋反意图与路径。它们不过是以歌咏永王东巡壮举（在李白是以永王作为代表朝廷的王师，师出有名，系践行玄宗分置制诏的正常而积极的行为）为幌子，徐徐铺展平定胡沙的壮丽画卷，到卷末更亮出无比辉煌的色彩——收复长安！

　　李白有很强的东晋情结（屡屡以谢安自比而求掌谢安那样的指挥大权），因而才会有很强的金陵情结。他所作以金陵为题或题目含有"金陵"的诗达二十六七首之多，如《金陵三首》《月夜金陵怀古》《金陵新亭》《金陵白杨十字巷》，追念昔日"晋家南渡"，以此地为长安（参见《金陵三首》其一）的光辉岁月。至德二载二月以后他系于寻阳狱中，"当诛"，幸得妻子宗氏以及宰相兼江淮宣谕选补使崔涣、御史中丞宋若思与宰相兼兵部尚书、关内河东副元帅郭子仪的鼎力营救，才免死罪，改判长流夜郎（县、郡治均在今贵州正安县西北）。宋若思则将他从寻阳狱中释放出来（已关押约半年光景），将他留在军中做参谋。① 宋若思还与崔涣一道上表为李

────────────

　　① 《新唐书》卷二百二《李白列传》载：李白"当诛。……子仪请解官以赎，有诏长流夜郎。会赦，还寻阳，坐事下狱。时宋若思将吴兵三千赴河南，道寻阳，释囚辟为参谋，未几辞职。"

白开脱罪责并荐举李白为官。此时的李白已是九死一生的人了，且还是戴罪之身，可是他在武昌宋若思幕中仍不安分，接连为宋若思代笔写出《为宋中丞自荐表》《为宋中丞请都金陵表》等给皇帝的上表，除了自述"怀经济之才"而"四海称屈"，伸手要做京官以外，还继续憧憬着唐王朝能在龙盘虎踞的金陵重建首都，再现"永嘉南迁"之盛，以图与安史叛军形成坚实的南北对抗，并最终泛海北上，统一全国。

李白何以如此执拗地向朝廷提出迁都金陵？何以不厌其烦地不断兜售"永嘉南渡"与"文皇（唐太宗）渡辽"的过往故事？——这在当时人颇为讶异，即使在今日，

古金陵石头城（江苏南京）

也为许多人难以理解。更为严重的是李白的"附逆"——当时大多数文人士子都对永王璘敬而远之，避之不及，可偏偏李白要自惹烦恼，引火烧身，沾上一辈子都难以洗清的污渍。为此，李白原以为与之交谊达十年之久，关系甚深的朋友高适与之决裂。[1]

史载高适"尚节义"（《新唐书·高适列传》），惯以正色示人。

---

[1] 从李白的诗文中可看出他曾向高适求援，以帮助其洗清冤屈，但高适未加理睬。郭沫若先生还认为："李白的下狱是否出于高的指令不得而知，他至少是采取着壁上观的态度。……李白有《送张秀才谒高中丞》一诗，实际上是对于高适的一篇《广绝交书》。"（《李白与杜甫》，人民文学出版社1971年版，第108页）

他作为讨伐永王璘的主帅，始终难以明白李白为什么不能冷静一些而非要去凑那个热闹，以致大家连朋友都无法做了。其实，高适们（包括当时大多数文人士子、文臣武将）与李白在处世观上并不在一个层面：前者是以儒家"忠义节"观看世，做任何事情都讲究"正名"，即所谓"名不正，则言不顺，言不顺，则事不成"（《论语·子路》），强调君臣名分（"君君，臣臣，父父，子子"，都严格遵守应有的名分，不许违礼犯上），所以他们将由太子而升至皇位的肃宗（尔后还得到玄宗追认）视为正统，视为合法的中央朝廷，坚定地站在他那一边，义不容辞地向之效忠、效力。而李白则以道家兼侠士、纵横家的眼光观察世界，抱有老子"受国之垢，是谓社稷主；受国不详，是为天下王"（《老子》第七十八章。意谓：承担国家遭到屈辱的责任，这才叫社稷的主人；承担国家出现灾祸的责任，这才叫天下的君王）的人君观。① 所以，他对永王在玄宗、肃宗皆脱离国都长安，而"诸侯不救河南地"（《永王东巡歌十一首》其五）之际挺身而出，由东北上收复故土之举欢欣鼓舞，深怀敬意，寄以厚望。当然，他也并非要拥戴永王璘称帝。他眼中的皇帝，依然是逃往西蜀的那个唐玄宗。（因为天宝初年在长安的际遇，他一直对玄宗感恩戴德，没齿难忘。他所有的献谋献策，都是指向玄宗的）也正是这个缘故，他对趁乱而自封皇帝的肃宗并未打上眼，有意无意地轻视他、藐视他——这正是肃宗之所以恼怒他的要害

---

　　① 　高适与李白在处世观上的差异，使得高适能看出内乱的敌手永王璘必败无疑；而李白则不能辨出这一点，但却能对外战的敌人安禄山作出其"可摧"的预言。他于至德元载十二月下半月至翌年正月间所作乐府诗《胡无人》有云："太白入月敌可摧。"据载，至德元载十一月二十六日，发生"太白入昴"天象，次年正月安禄山即被安庆绪杀。宋人王谠《唐语林》卷二谓白言之"不凡耳"。

处，坚持要对他进行惩罚。

更为重要的是李白侠士与纵横家的气质。赵蕤在《长短经》自序中说："是知当代之士，驰骛之曹，书读纵横，则思诸侯之变；艺长奇正，则念风尘之会。"而李白也知道太平时期不会有自己的用武之地。（其《赠宣城赵太守悦》诗云："溟海不震荡，何由纵鹏鲲？"）李白又"以侠自任"，义侠的责任亦要求他解危于乱世，救民于水火。所以"安史之乱"，被他认做于沧海横流中显示英雄本色的良机；而永王璘的振臂高呼，则与之抵掌合拍，风云际会。所以他的"附逆"，当是势所必然。他如果不去凑这个热闹，蹚这趟浑水，则反倒令人奇怪了。而他以道家、侠士、纵横家的立场介入这场热闹，闯进这趟浑水，从本质上看，则是爱国者心地使然，其赤子之心使然。这种质朴、天真与执著，也使得他难以去分辨（甚至也不愿意去分辨）纷纭复杂的政治暗幕、波诡云谲的人世纠纷，①而一门心思地想为朝廷，也是为国家排忧解难。因此说其"附逆"，在他真是莫大的冤屈！宋人胡仔《苕溪渔隐丛话》前集卷五引《蔡宽夫诗话》里的一段对此堪为一语中的：

然太白岂从人为乱者哉？盖其学本出纵横，以气侠自任，当中原扰攘时，欲藉之以立奇功耳。

对于李白效东晋故事建都金陵的奇异构想，今人瞿蜕园、朱金城二先生也有话可以圆通：

---

① 李白当时并未觉得永王璘是在与朝廷对决。虽然高适等统率的政府军对永王璘形成合围之势，却最终未与永王军队正面接触。击败永王的是其内部力量与外部地方势力如江西采访使皇甫侁。这便更加深了李白的错觉，因在至德二载二月逃亡途中所写《南奔书怀》仍称永王为"天人"，其军为"王师"，对诸将不战而逃大惑不解。

当时帝王将相皆无远识，仅能与安、史相持于数百里之间，卒之屈身厚币以假外援，方得收复两京，而河南、北糜烂如故。终于不得不置幽燕于化外，兵连祸结数百年无宁日。当时玄宗号令不出剑门，肃宗崎岖边塞，忠于唐室之诸将皆力不足以敌安、史，则身处江南如李白者，安得不思抒奇计以济时艰？①

李白是道士、侠客和准纵横家，但更是一位赤心可掬的爱国者。他于至德二载（757 年）十月从武昌宋若思营中告病离职，即赴安徽宿松（今县）长江边的宿松山疗养，静待"附逆"案的最后判决。他在这里所作《赠张相镐二首》（约作于至德二载十一月）其一中说：

> ……
>
> 卧病宿松山，苍茫空四邻。
>
> 风云激壮志，枯槁惊常伦。
>
> 闻君自天来，目张气益振。
>
> 亚夫得剧孟，敌国空无人。
>
> 扣虱对桓公，愿得论悲辛。
>
> 大块方噫气，何辞鼓青苹？
>
> 斯言傥不合，归老汉江滨。

此时李白虽已届五十七岁，沉疴附身，又戴罪未决，却仍壮心不已，自比西汉大侠剧孟（将张镐比作周亚夫），希望投入宰相兼河南

---

① 瞿蜕园、朱金城：《李白集校注》上册，上海古籍出版社 1980 年版，第556 页。

节度使（持节都统淮南等道诸军事）张镐幕下，为平定"安史之乱"出力。他在该组诗其二中于热情蓬勃之外，又多了一份淡定与从容：

……

抚剑夜吟啸，雄心日千里。

誓欲斩鲸鲵，澄清洛阳水。

六合洒霖雨，万物无凋枯。

我挥一杯水，自笑何区区！

因人耻成事，贵欲决良图。

灭虏不言功，飘然陟蓬壶。

唯有安期舄，留之沧海隅。

是诗表明他渴望为国家做出贡献而后功成身退，亦显出道家、侠士与纵横家本色。只是他心目中的功成，当轰轰烈烈；身退则不会是悄无声息，而是要耐人寻味，给人以念想与仰望的空间。明人署严沧浪等评组诗末二句"结语每每气崛"①，即此。

至德二载（757年）十一月底，李白在宿松等到了朝廷对他"附逆"的最终处理结果：仍执行长流夜郎的原判。十二月初旬或中旬，李白在妻子宗氏和妻弟宗璟陪同下，到达寻阳渡口。宗氏是李白一生中的第四位妻子，大约于天宝九载（750年）或稍早成婚于梁宋故地的梁园。② 是妻乃武则天时代的宰相宗楚客的孙女。李白与宗氏伉俪情深。在《李白全集》中载有写给宗夫人的诗达十首

---

① 转引自詹锳主编《李白全集校注汇释集评》第四册，百花文艺出版社1996年版，第1634页。

② 魏颢《李翰林集序》载李白婚姻状况："白始娶于许，生一女二男，曰明月奴，女既嫁而卒。又合于刘，刘诀。次合于鲁一妇人，生子曰颇黎。终娶于宋（宗）。"

之多。其《别内赴征三首》即写于至德元载（756年）岁末李白在
韦子春三请之后终赴永王璘征聘之际。其第一首云：

> 王命三征去未还，明朝离别出吴关。
>
> 白玉高楼看不见，相思须上望夫山。

日人近藤元粹《李太白诗醇》卷五评此诗曰："真情，真诗。"
其第二首诗则云：

> 出门妻子强牵衣，问我西行几日归。
>
> 来时傥佩黄金印，莫见苏秦不下机。

夫妻调侃而显亲密无间。近滕元粹《李太白诗醇》卷五赞此诗
说："按俚处却见其天真烂漫。"对"出门妻子强牵衣"句，不少学
者看出它有"微言大义"，以为是宗氏拦阻李白应征之意，说明宗
夫人早看出永王璘有反骨且必败无疑，宗夫人比李白更有远见、更
具政治头脑云云。其实说过了。这不过是李白描写他与妻子间的小
儿女状，后者如小鸟依人般，以示娇妻温婉娴雅多情而已，哪里有
那么多深沉故事？论者的挖掘，虽然辛苦，题材重大，却只是郢书
燕说，强赋新意，难以服人。

乾元二年（759年）三月，李白在前往夜郎的夔州（治今重庆
奉节）长江舟中，① 突然接到当地官吏传来的皇帝的大赦令："天下

---

① 上世纪八九十年代，一些学者继清人程恩泽、张澍、黎庶昌等之后，再
次提出李白曾抵达夜郎贬所；其妻宗夫人及妻弟宗璟还一同陪送到今贵州。宗夫
人在乌江与白诀别，后赴庐山居住；宗璟则陪送到夜郎流放目的地后，再返乡里。
其所依据即李白《南流夜郎寄内》《乌江留别宗十六璟》《秋浦桃花忆旧游》等
诗。其中李白实已到达夜郎流放地之说，与传统仅至三峡遇赦而返大相异趣。姑
且存疑。参见詹锳主编《李白全集校注汇释集评》第七册，百花文艺出版社1996
年版，第3640页~3641页，3733页。

现禁囚徒，死罪从流，流罪已下一切放免。"① 李白欣喜若狂，即调转船头东下江陵，并写出精神飞扬的七绝《早发白帝城》：

> 朝辞白帝彩云间，
>
> 千里江陵一日还。
>
> 两岸猿声啼不住，
>
> 轻舟已过万重山。

历来对此诗盛赞有加，谓之有神有韵，浑是快倜。看其猿啼声声、青山重重的长镜头般的迅速推进，演示出快船快意，凸显精神飞越，将诗人喜悦奔放之情推入极致之境。此时李白已经 59 岁，可是他理想犹在，青春依旧，侠心不改。半年后（乾元二年秋），他写出了生平最长的一首古风——《经乱离后天恩流夜郎忆旧游书怀赠江夏韦太守良宰》（计 830 字）。诗的末尾写道：

《早发白帝城》诗意画（近人马骀绘）

> 传闻赦书至，却放夜郎回。
>
> 暖气变寒谷，炎烟生死灰。

---

① 宋·宋敏求编《唐大诏令集》卷八十四《以春令减降囚徒敕》，商务印书馆 1959 年校勘本。《新唐书》卷六《肃宗本纪》又载乾元二年三月："丁亥，以旱降死罪，流以下原之。"

君登凤池去，忽弃贾生才。

桀犬尚吠尧，匈奴笑千秋。

中夜四五叹，常为大国忧。

旌旆夹两山，黄河当中流。

连鸡不得进，饮马空夷犹。

安得羿善射，一箭落旄头。

其时郭子仪等九节度使的大军，已溃败相州（治今河南安阳）；史思明又陷汴州（治今河南开封），入洛阳。国家继续陷于动乱之中。李白忧心如焚，渴求朝廷召回他，让他尽汉初贾谊之才。他还仗着有一身好武功，而丝毫不顾及自己已近花甲之年，希望能亲赴军中冲锋陷阵。

· 上元二年（761 年）八月，李白仗剑跨马，风尘仆仆地赶往河南前线，试图向河南副元帅、太尉兼侍中李光弼请缨东征。可惜中途病倒金陵，使他抱憾不已。① 代宗宝应元年（762 年）十一月，李白逝世于安徽当涂，时年六十二岁。

---

① 上元二年秋冬之际，李白写有《闻李太尉大举秦兵百万出征东南懦夫请缨冀申一割之用半道病还留别金陵崔侍御十九韵》以纪事。

第四章

欲上青天览明月

——拥抱自由之梦

天边看绿水，海上见青山/说不尽的明月意象/盛唐气象之王/
《大鹏赋》和《临终歌》/心灵的漂泊与追求

一、思君若汶水

至德二载（757年）二月永王璘兵败被杀，李白系于寻阳狱中。
年底，李白即开始长流夜郎的漫漫旅程。当时除了宗夫人偕宗璟与崔
涣、宋若思等在为李白的洗冤积极奔走外，上流社会的大多数人不是
袖手旁观就是幸灾乐祸甚至落井下石。李白朋友圈的状况也大抵如
此。不过，这时候却有一位名声也渐响的诗人在默默地关心着他，日

夜为他祈祷，祝愿他早日摆脱磨难，重新过上正常生活。这位诗人就是比李白小十一岁的杜甫。上元二年（761年），杜甫在成都草堂刚安顿好（他是前年底从同谷即今甘肃成县入蜀的），就四处打探李白的近况。此时李白早已在流放途中遇赦（乾元二年三月）返回江陵，又从江夏（治今湖北武昌）游洞庭、金陵。但这些情况杜甫却全然不知。乾元二年大赦的消息高适应该知晓，上元二年时他又在蜀州刺史任上，与杜甫一直保持着密切联系。然而杜甫却未能从高适那里了解到一星半点的情况，十分着急，于是写了一首五律叫《不见》，诗题下还自注"近无李白消息"。诗的全文如下：

> 不见李生久，佯狂真可哀。
>
> 世人皆欲杀，吾意独怜才。
>
> 敏捷诗千首，飘零酒一杯。
>
> 匡山读书处，头白好归来。

杜甫画像（选自明弘治刻《历代古人像赞》）

杜甫同高适一样都是正统儒生，注重忠孝节义。（《新唐书》本传说他"情不忘君，人怜其忠。"）但是他同高适不一样的地方就是感性多于理性，是那种为朋友能两肋插刀的人。《新唐书》本传讲他与房琯为布衣交。至德二载（757年），作为宰相的房琯曾兵败咸阳陈涛斜，又有私由门下琴工董廷兰收受贿赂的嫌疑，肃宗于是要罢他

172

的官。(其真正原因是听了河北招讨使贺兰进明的挑拨,以为房琯对他怀有二心)杜甫以右拾遗(当为左拾遗)身份上疏言琯"罪细,不宜免大臣"。肃宗盛怒之下,诏三司要治杜甫的罪,幸得宰相张镐及御史大夫韦陟出手相救而作罢,但后来仍叫杜甫回家探亲,将他贬为华州(治今陕西华县)司功参军。时逢关内饥荒,杜甫认为这等鸟官,不做也罢,遂"弃官而去,客秦州,负薪采橡栗自给,流落剑南,结庐成都西郭。召补京兆功曹参军,不至"。(《新唐书·文艺上·杜甫列传》)这等有情有义,脾性偏,骨气盛,又擅写诗文的汉子,与李白自然一拍即合。

据闻一多先生《少陵先生年谱会笺》考证,李、杜初交是在天宝三载(744 年)。时李白遭张垍等谗毁而辞别长安,经商州大道,于四月间在洛阳与杜甫相会,"遂相从如弟兄耳"①。当年秋,李、杜相约漫游梁宋故地(今河南开封、商丘一带),高适也参加了进来。他们三人性格相近,情趣一致,或登高眺远,极目寒芜;或弯弓冻泽,呼鹰逐兔;或放马平川,寻古探幽;或煮酒投壶,高唱《大风》;或臧否时事,纵论今古……杜甫后来在《遣怀》中回忆说:"忆与高李辈,论交入酒垆。两公状藻思,得我色敷腴",表现出对这段时光的依恋之情。

李白与杜甫在漫游途中及此后的互相唱和,相知相交,颇见人间真情。郭沫若先生说,李、杜"不仅趣味相投,而且信仰接近,在一同饮酒赋诗,六博畋猎;也在一同求仙访道,并准备采药还

---

① 闻一多:《唐诗杂论》,山西古籍出版社 2001 年版,第 43 页。

李白（右）与杜甫（成都浣花公园诗歌大道）

丹"。① "杜甫在《与李十二白同寻范十隐居》诗中有云：'怜君（指李白）如弟兄'；又云：'醉眠秋共被，携手日同行。'看来他们好像比兄弟还要亲热。他们在一道的时候分不开手，不在一道的时候便终日怀念。"② 作为从四川乐山走出去的现代文化巨匠郭沫若先生其实也是性情中人，所以他识李、杜，比他人来得更为深刻，更为真切，可谓一语中的。

闻一多先生在记述李白与杜甫会面情形时用诗的语言进行渲染：

写到这里，我们该当品三通画角，发三通擂鼓，然后提起笔来蘸饱了金墨，大书而特书。因为我们四千年的历史里，除了孔子见老子（假如他们是见过面的），没有比这两人的会面，更重大、更神圣、更可纪念的。我们再逼紧我们的想象，譬如说，青天里太阳和月亮走碰了头，那么，尘世上不知要焚起多少香案，不知有多少人要望天遥拜，说是皇天的祥瑞。如今李白和杜甫——诗中的两曜，劈面走来了，我们看去，不比那天

① 郭沫若：《李白与杜甫》，人民文学出版社1971年版，第157页
② 郭沫若：《李白与杜甫》，人民文学出版社1971年版，第156页

空的异端一样的神奇，一样的有重大意义吗？①

李白有一首题为《戏赠杜甫》的诗，郭沫若先生认为过去一直"被人误解得厉害"。全诗如下：

> 饭颗山头逢杜甫，头戴笠子日卓午。
>
> 借问别来太瘦生，总为从前作诗苦。

《旧唐书·杜甫列传》说："天宝末诗人，甫与李白并齐，而白自负文格放达，讥甫龌龊，而有'饭颗山'之嘲诮。"对此，郭沫若先生评论道：

> 这真是活天冤枉。诗的后二句的一问一答，不是李白的独白，而是李杜两人的对话。再说详细一点，"别来太瘦生"是李白发问，"总为从前作诗苦"是杜甫的回答。这样很亲切的诗，却完全被专家们讲反了。……唐代以诗歌取士，做诗的人们因用心做诗而致身体瘦削，并不是什么丑事。……那诗亲切动人，正表明着李白对于杜甫的深厚的关心。这和杜甫《赠李白》"秋来相顾尚飘蓬"一绝，直可以说是一唱一和。②

杜甫的《赠李白》写道：

> 秋来相顾尚飘蓬，未就丹砂愧葛洪。
>
> 痛饮狂歌空度日，飞扬跋扈为谁雄？

这首诗将李白与杜甫这对意气相投，心心相印的好友嗜酒如命并借酒跋扈，傲视万物的气概生动地展现出来，当如"李白与杜甫

---

① 闻一多：《杜甫》，载闻一多《古诗神韵》，中国青年出版社 2008 年版，第 184 页。

② 郭沫若：《李白与杜甫》，人民文学出版社 1971 年版，第 162 页~164 页。

张大千绘《竹溪六逸图》

的双人合像"。①

　　李白有很多酒友、诗友，如在东鲁生活期间的"竹溪六逸"，在长安时期的"饮中八仙"等。但是，与李白最贴心、最灵犀相通的还是杜甫。杜甫有《饮中八仙歌》说李白："天子呼来不上船，自称臣是酒中仙。"极赞李白上不媚君王，下不事权贵，粪土王侯，浮云富贵的独立人格与磊落襟怀。而李白则有《沙丘城下寄杜甫》（约作于天宝四载秋）给杜甫：

　　　　我来竟何事，高卧沙丘城。

　　　　城边有古树，日夕连秋声。

　　　　鲁酒不可醉，齐歌空复情。

　　　　思君若汶水，浩荡寄南征。

　　郭沫若先生阐释是诗，说李白"怀念杜甫的情绪竟如汶水一样

———————————

　　①　郭沫若：《李白与杜甫》，人民文学出版社1971年版，第309页。

长流不断，有鲁酒也不能忘情，有齐歌也不足取乐。这情谊还不算真挚吗？"①

　　杜甫现存 1440 余首诗中，直接题赠或怀念李白的诗就有 10 首，如果算上涉及李白的其他诗篇，即近 20 首之多。而李白有关杜甫的诗虽首首情深意长，显示出一种真挚温馨的情谊，却毕竟只见四首。古来一些学者在感叹之余，对李白啧有烦言。对此余秋雨先生有两段话为李白缓颊：

　　　　历来总有人对李白与杜甫的友情议论纷纷，认为杜甫写过很多怀念李白的诗，而李白则写得很少。也有人为此做出解释，认为李白的诗失散太多，其中一定包括很多怀念杜甫的诗。这是一种善良的愿望，而且也有可能确实是如此。但是，应该看到，强求他们在友情上的平衡是没有意义的，因为这毕竟是相当不同的两种人。虽然不同，却并不影响他们在友情领域的同等高贵。

　　　　这就像大鹏和鸿雁相遇，一时间巨翅翻舞，山川共仰。但在它们分别之后，鸿雁不断地为这次相遇高鸣低吟，而大鹏则已经悠游于南溟北海，无牵无碍。差异如此之大，但它们都是长空伟翼，九天骄影。②

　　余秋雨先生的说法很在埋，也很到位，但有一点却未注意到——李白是深谙江湖之道的侠士与道士，还是一位匆匆地行走天下的背包客。这三种身份决定了李白与杜甫相比，当然"算不上一

---

　　①　郭沫若：《李白与杜甫》，人民文学出版社 1971 年版，第 162 页。
　　②　余秋雨：《中国文脉》，长江文艺出版社 2012 年版，第 283 页。

个最专情、最深挚的朋友"①。《庄子·大宗师》说："泉涸，鱼相与处于陆，相呴以湿，相濡以沫，不如相忘于江湖。"这是庄子别致的处世观，被以李白为代表的历代江湖好汉、道士、隐者及"驴友"所继承并发扬光大。所以李白与朋友的交情在分手之前可以做到剖肝沥心的地步；但是，随着他的不停行走，目光便会迅速投向下一位新朋友了。这就是具有前述三种身份的李白与作为传统儒者的杜甫在交友上的异趣魅力之所在。开元十四年（727 年）秋，李白在今浙江台州与一位友人（可能是侠客或书生）饱览东海苍茫景色后返回扬州（一路上亦流连于越中山水），在这里与他告别。酒桌上李白赋有五律一首，题作《广陵赠别》。诗云：

> 玉瓶沽美酒，数里送君还。
>
> 系马垂杨下，衔杯大道间。
>
> 天边看绿水，海上见青山。
>
> 兴罢各分袂，何须醉别颜？

诗的大意讲，好朋友分别之际，把酒言欢，回忆一起在东海之滨览水（可能是灵江）看山（可能是海中岛屿如头门山）的快乐时光；但送君终须一别，尽兴后便可分道扬镳，无须以醉酣缠绵态作难舍难分状。所以应时《李诗纬》卷三评李白此诗"无儿女态，自成别调"②。这别调就是道家、侠士、旅行者立世交友的基本调。它显示出李白拿得起、放得下而放眼天下的开阔胸襟以及"秉烛夜游"似的遍寻人间真情的辛勤努力。

① 余秋雨：《中国文脉》，长江文艺出版社 2012 年版，第 282 页。

② 转引自詹锳主编《李白全集校注汇释集评》第四册，百花文艺出版社 1996 年版，第 2162 页。

开元十五年（727 年）李白自扬州溯江而上探寻云梦七泽，而后便在安陆（今湖北安陆）高宗时的宰相许圉师家做了上门女婿（妻许圉师孙女），但决不是"吃软饭"①。他在这里居住了约莫十年（开元十五年—开元二十五年）之久，以安陆为中心漫游江、河、渭、汉，西北至襄阳、长安，北到洛阳、太原，"如不系之舟，天天在追赶陌生，并在追赶中保持惊讶"②。开元十五年深秋，在一个红叶漫山的季节里，李白北游汝海（今河南临汝），途经襄阳，在那里碰见正高卧鹿门山的孟浩然（689～740 年）。虽然后者比李白大 12 岁，但两人都同样陶醉于山水松云的磐礴氤氲间，情趣相投，故而相见恨晚。

大约在开元十六年（728 年）暮春，孟浩然在赴京应举之前，曾从江夏上船，沿长江东下赴广陵办事。李白在黄鹤楼替他饯行，嗣后留下《黄鹤楼送孟浩然之广陵》的千古绝句：

故人西辞黄鹤楼，烟花三月下扬州。

孤帆远影碧空尽，唯见长江天际流。

黄鹤楼是传说中仙人飞天之处，又是江南三大名楼之一（另两座为湖南岳阳岳阳楼、江西南昌滕王阁）。阳春三月，由黄鹤楼沿

---

① 檀作文先生认为李白在安陆入赘故宰相许圉师家是"吃软饭"（参见檀作文：《大唐第一古惑仔李白实录》，当代中国出版社 2007 年版，第 147 页～149 页），不当。其时李白出蜀在外漂泊已有两年，遂安家安陆，只是欲找一处落脚点罢了。他诚然还有借助豪门干谒权贵的想法，但不会去图许府的钱财（许府是否落魄，亦不好说）。如前所述，李白自己有富商家庭作支撑，且能挥文生财，岂能伸手向女家讨饭吃？历来有人对李白入赘许、宗二家有所轻贱，但在李白并不以此为耻，反倒引以为荣。这正是李白独特之处，或可能与其曾受西域文化以及蜀文化影响有关，而与正统儒家文化相悖。周勋初先生对此有专门辨析。（参见周勋初：《李白评传》，南京大学出版社 2005 年版，第 80 页～83 页，第 120 页～122 页。）

② 余秋雨：《中国文脉》，长江文艺出版社 2012 年版，第 282 页。

《黄鹤楼送孟浩然之广陵》诗意画
（清·石涛绘）

江而下，云烟迷蒙，花团似锦，一派妖妍绚丽景致。而孟浩然此行目的地扬州，三月间正是名扬天下的琼花怒放之际。其花瓣大如玉盘，随风飞扬，腾挪于云雾缭绕之中，飘香溢馨，百里之外皆可嗅。当年隋炀帝从运河三下扬州，沿途置离宫四十余所，其目的之一也是为了欣赏江南美景，特别是去看扬州才有的稀有花卉——琼花。因此李白相信孟浩然扬州之行应是愉悦的、享受的，所以诗人的心境也充满明媚、快意。这便使得这首离别诗有别于王勃《送杜少府之任蜀川》的淡淡伤情和王维《送元二使安西》的依依相惜，而是心随孤帆而驰，神追长江而往，并于羡慕之中报以衷心的祝福。

《新唐书·孟浩然列传》讲孟浩然"少好节义，喜振人患难，隐鹿门山"；年四十后方游京师，却不求仕，也拒绝他人（如采访使韩朝宗）荐举。闻一多先生在《孟浩然》里指出，孟浩然是以他家乡襄阳耆旧、隐士、汉末庞德公为学习对象，"承认自己是庞公的继承人，此身便俨然是《高士传》中的人物了"①。孟浩然与王

---

① 闻一多：《孟浩然》，载闻一多《古诗神韵》，中国青年出版社2008年版，第159页。

维同属山水田园诗人，在中国诗史上并称"王孟"。他虽然长时期隐居襄阳，但仍多次外出漫游天下，曾北上关中中州，南下潇湘桂海，东去吴会故郡，西涉巴蜀之地。他惯用淡泊宁静的心态看世界，笔下的田园山水就像他的为人，淡墨浸染，浑然无迹，却韵味悠长，绕梁不已。按明人胡应麟《诗薮》的说法，孟浩然的诗风，从总体看，属于冲淡或云清淡一派。盛唐山水诗人中，张九龄、王维、储光羲、常建、韦应物均可归于这一流派，但彼此间仍有区别。就他与王维相较，后者显得"清而秀"，他则是"清而旷"，即比王维更为沉静清淡自然而几近孤清。不过，孟浩然也间有壮阔浩然之笔。他在开元二十一年（733 年）西游长安期间，以干谒为目的写的《望洞庭湖赠张丞相》就是这样的篇章：

> 八月湖水平，涵虚混太清。
>
> 气蒸云梦泽，波撼岳阳城。
>
> 欲济无舟楫，端居耻圣明。
>
> 坐观垂钓者，徒有羡鱼情。

是诗写八月洞庭，广阔无垠，气蒸涛涌，连天接地，一派蓬勃生机。诗人触景生情，壮志与云水共舞，思绪与太清（高天）齐飞……孟浩然为人为诗，其实均以冲淡恬适为基调，却不时会以如斯"壮逸之气"作"兴象"、"高唱"。然而无论他以什么面目示人，都始终漫溢出一种时代精神——那是唐代诗人特别是盛唐诗人所具备的傲然高洁的风骨、坦荡如砥的胸襟和包容宇宙的情怀。所以他才会在李白那里觅到知音，为王维引为至交，被天下士子津津乐道，传为美谈。

孟浩然死后，王维在郢州（治所在今湖北钟祥）替他画了一幅

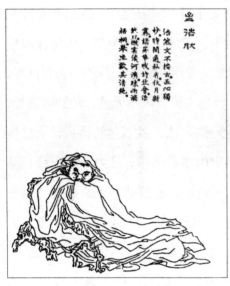

孟浩然画像（清·上官周绘，选自清
乾隆刻《晚笑堂画传》）

水墨肖像画来寄托思念。画像挂在刺史亭，时人唤作"浩然亭"。传说王维还为孟浩然画了一幅绢本像，人谓"风仪落落，凛然如生"（葛立方《韵语阳秋》引张泊题识）。孟浩然的朋友王士源则在《孟浩然集序》里用文字刻画他："骨貌淑清，风神散朗……"大家谈起他来，还以"故处士"称呼他。处士就是有才德而隐居不仕者。大致在他尚未去世前一年（开元二十七年，739年），李白亦写有著名的《赠孟浩然》诗，曰：

> 吾爱孟夫子，风流天下闻。
>
> 红颜弃轩冕，白首卧松云。
>
> 醉月频中圣，迷花不事君。
>
> 高山安可仰？徒此揖清芬。

八句四十个字，像一幅淡淡的水墨画，将孟浩然的高蹈情怀、散朗风神活现出来。闻一多先生在《孟浩然》一文里说："听李白这番热情的赞叹，便知道孟浩然超出他的时代多么远。"①

纵观孟浩然一生，实际一直是在入仕报国这一条中国古代知识

---

① 闻一多：《孟浩然》，载闻一多《古诗神韵》，中国青年出版社2008年版，第159页。

分子普遍追求的道路上虔诚而行，上下求索的。在他身上，"巢、由与伊、皋，江湖与魏阙，永远矛盾着，冲突着"①，从而酝酿出一坛淡在口唇，醇在胸怀的美

孟浩然卧像（湖北襄阳鹿门山）

酒。它那幽幽而沁人心脾的清香，从襄阳的鹿门山徐徐晕染了整个盛唐。李白在他那里看到了梦中的庄周变蝴蝶，也看到了大半个自己，故而要向他鞠躬，向他脱帽礼敬。

李白是那种以真情示人，也最易被真情打动的人。天宝十三载（754年）夏，有一个叫魏万的青年为见上李白一面，竟从河南王屋一口气追了三千里（因李白在不停地行走中国），终在广陵见到心仪已久的大诗人。这个青年后来改名魏颢。他是一位诗歌爱好者，也是唐代千千万万"追星族"中的一位。唐代的"追星族"，主要追的是诗人。由于诗人群体大声传递时代的声音，领时代风气之先，加之朝廷又以诗赋取士，因此诗人在社会上的地位很高，在民众中的口碑很响。而像李白这样的头号大诗人，当然更是"追星族"追踪的头号大目标了。而李白对权贵（包括皇上）爱摆架子，却对这些诗歌青年平易近人。魏万"自嵩宋沿吴相访"，连追数千

---

① 闻一多：《孟浩然》，载闻一多《古诗神韵》，中国青年出版社2008年版，第159页。

里的事，令李白十分感慨，因此写下《送王屋山人魏万还王屋并序》的长篇五古，记述此事，并表依依惜别之情：

……

东浮汴河水，访我三千里。

逸兴满吴云，飘飘浙江汜。

挥手杭越间，樟亭望潮还。

涛卷海门石，雪横天际山。

白马走素车，雷奔骇心颜。

……

吾友扬子云，弦歌播清芬。

虽为江宁宰，好与山公群。

乘舆但一行，且知我爱君。

君来几何时，仙台应有期。

东窗绿玉树，定长三五枝。

至今天坛人，当笑尔归迟。

我苦惜远别，茫然使心悲。

黄河若不断，白首长相思。

　　是诗凡一百二十句，用二十三韵。署严沧浪者引明人评语曰："熔炼干净，挨路顺去，若出无意，然却自细腻。……滔滔汨汨如长江（大）河，极浩瀚之观，尽萦回之致……健笔凌云，光焰万丈，那得不推为千古大家！"①

---

　　① 转引自詹锳主编《李白全集校注汇释集评》第五册，百花文艺出版社1996年版，第2282页。

其时李白还将自己的部分诗赋（包括《大鹏赋》）托付给魏万。（魏颢《李翰林集序》称，李白"尽出其文，命颢为集"。）魏万（颢）也尽心尽力，在李白的有生之年

桃花潭（安徽泾县翟村——桃潭村）

（魏颢《李翰林集序》称："白未绝笔，吾其再刊。"）编成了一部可能是最早的李白诗集——《李翰林集》，凡二卷四十四篇。而魏颢关于"禄位拘常人，横海鲲，负天鹏，岂池笼荣之"（《李翰林集序》）的议论，则准确地刻画出酷爱大自然、誓为大自然之子的李白的行状及风采。魏颢是李白在漫漫行旅中结识的今雨（新朋友）代表，堪称李白又一位极富真性情的知己。

李白与安徽泾县一位叫汪伦的普通士绅的友情也很感人。袁枚《随园诗话补遗》卷六载，汪伦知李白好作山水游，便写信给他说："先生好游乎？此地有十里桃花；先生好饮乎？此地有万家酒店。"

大约在天宝十四载（755 年）季春的某一天，获信后的李白从秋浦（今安徽贵池）启程，兴冲冲地前往泾县汪氏别业附近，打算尽情游赏一番。可到得此地一看，虽桑梓葱茏，池馆清幽，却不见十里桃花的恢宏阵势，更不必说那万家酒店的盛大规模了。前来迎接的主人汪伦诡谲一笑，给李白解释说：我信里所言桃花乃指十里之外的桃花潭，而桃花潭边开酒店的老板姓万，故云万家酒店……

李白当时一怔，随即呵呵笑开怀，拍拍汪伦肩头说："先生盛

情，比桃花艳，比美酒香哩！"两人遂牵手举步，款款进入汪氏别业亭院深处，把酒畅饮起来。

李白在泾县住了几日，受到汪伦及其乡邻的热情招待。这里虽没有李白期盼的铺天盖地的十里桃花、万家酒店，却有逶迤穿行的青弋江（长江支流）拖曳的倩影可看；而汪氏别业十里外，也确有一处深潭名桃花潭。它坐落于青弋江边翟村的悬崖峭壁下，水深数丈，清澈见底。潭西岸虽不是壁立千仞，倒也见怪石峥嵘，千姿百态。附近藤树缠绕，鸟啼虫鸣，白沙漫滩，芦苇满目，煞是好看。

当李白告辞时，汪伦眼里噙满泪花依依送别。乡亲们也按照当地习俗，踏地为节，载歌载舞，赶来送行。李白回到秋浦住地后，在泾县几日的一幕幕场景好久不能忘怀，遂写下《赠汪伦》一诗，以表纪念：

李白乘舟将欲行，忽闻岸上踏歌声。

桃花潭水深千尺，不及汪伦送我情。

踏歌古岸（安徽泾县翟村——桃潭村）

是诗清新明快，朗朗上口，具有很高的审美价值。诗的前半叙事，先写要离去者，继写送行者，展示一幅离别的画面。诗的后半抒情，桃花潭的深邃、诗人的情怀，一倾而尽，极尽其妙。所以，沈德潜《唐诗别裁集》卷二十论曰："若说汪伦之情比于潭水千尺，便是凡语，妙境只在一转换间。"而《赠汪伦》妙就妙在"不及"二字：既称桃花潭水已

深千尺了，而汪伦的友情又该有多深呢？这便留给后人去慢慢体味，细细咀嚼。张惺斋（炯）的体会倒有一番深意。他有诗云：

> 蝉翻一叶坠空林，路指桃花尚可寻。
>
> 莫怪世人交谊浅，此潭非复旧时深。

（转见《随园诗话补遗》卷六）

张惺斋的意思是说，别责怪世人的交情浅，因为李白以后的桃花潭水也已不深了，颇有岁月悠悠、世风不古之叹。这样我们便更为《赠汪伦》所表现的李白的自然朴实直率真挚的做人风范与处世态度所深深感动。李白以天才自居而又落脚于人间，具有睥睨一切的风骨而又落落大方，洒脱自在，充满自信力而又愿意信人。而诗人拥有了这样的精神与气质，也才会于大自然中找到共鸣，才会于现实社会中寻到真、善、美并尽情讴歌它和弘扬它。李白不仅有"桃花潭水深千

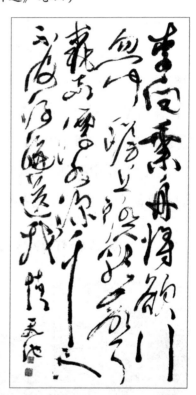

明·徐渭书《赠汪伦》

尺，不及汪伦送我情"（《赠汪伦》）这样纯净清丽的好诗，而且像"仍怜故乡水，万里送行舟"（《渡荆门送别》）、"浮云游子意，落日故人情"（《送友人》）、"桃花流水窅然去，别有天地非人间"（《山中问答》）、"夜台无李白，沽酒与何人"（《哭宣城善酿纪叟》）、"我寄愁心与明月，随月直到夜郎西"（《闻王昌龄左迁龙

标，遥有此寄》）、"明月不归沉碧海，白云愁色满苍梧"（《哭晁卿衡》）等许多佳句，也是一腔真情，朴素自然。它将作者于现实生活中所发现或感悟的人类社会与自然界里最美好的东西活灵灵地捧将出来，把它们置于人类审美的极高境界，让后人钦服不已，感唱再三。

《周易》有《兑》一卦，兑就是悦，就是喜，也是孔子所说的"有朋自远方来，不亦乐乎"（《论语·学而》）中的"乐"。兑是象泽之卦，《象传》释《兑》卦说："丽泽，兑；君子以朋友讲习。"（两泽相连，象征喜悦；君子因此会聚朋友，相互讲解道理，研习学问）朋友是在相互尊重、相互理解中形成的；友情是在相互帮助、相互切磋中巩固的。人间自有朋友在，人间自有真情在，人间自有真善美。关键在于能否善于发现它，挖掘它，珍惜它。

二、难以释怀的月亮情结

李白虽然每以真情示人，真情待人，但时常会有难言的孤独感、不可言状的自怜自伤感；因为他是天才，是太白金星下凡。[1] 他虽然自信

我寄愁心与明月（选自日本《唐诗选画本》）

---

[1]　唐人李阳冰《草堂集序》记李白母亲："惊姜之夕，长庚入梦，故生而名白，以太白字之。世称太白之精，得之矣。"《新唐书·文艺中·李白列传》亦载如是，又云益州长史苏颋"见白而异之，曰：'是天才英特……'"。

"天生我才必有用"（《将进酒》），也承认"大道如青天"，只是"我独不得出"（《行路难三首》其二）；本欲以才学济天下，却"万言不值一杯水"（《答王十二寒夜独酌有怀》）。所以他每每发出"行路难"（《行路难三首》其一）的慨叹，表示"人生在世不称意，明朝散发弄扁舟"（《宣州谢脁楼饯别校书叔云》），遁世而去……

不过，他不仅在人世间有许多同样以真情待他的朋友，而且在大自然中亦同样如此。这大自然中的一位最好的朋友就是月亮。天宝三载（744 年）三月，他在京城刚被"赐金放还"时，感到异常的失意与孤独，可是却在月亮那里寻觅到理解与安慰。他与月亮一道饮酒谈话，一道叙旧交心，在另一个天地间得以敞开胸怀，释放块垒。他这时候在长安一口气写出的《月下独酌四首》记录了这次对话，尤以其一最令人扼腕：

> 花间一壶酒，独酌无相亲。
>
> 举杯邀明月，对影成三人。
>
> 月既不解饮，影徒随我身。
>
> 暂伴月将影，行乐须及春。
>
> 我歌月徘徊，我舞影凌乱。
>
> 醒时同交欢，醉后各分散。
>
> 永结无情游，相期邈云汉。

你看他与月，与影（月照人成影），三人共话共乐共歌共舞，虽是"独酌"（月、影皆不会饮），却尽享与天对话、与大自然交流的乐趣——这是一般俗人不得其乐的。《庄子·在宥》说："吾与日月参光，吾与天地为常。当我，缗乎！远我，缗乎，人其尽死，而我独存乎！"（我与日月同放光芒，我与天地一样长久。大道迎我而

来时，我昏昏的，远我而去时，我是默默的，人都要死，可是我却可以独存下来。）李白便是在与月亮对话中体悟到大道（自然与自然规律）的伟力，为能在不称意时可以有"无情"之物（月、影）相伴相随到永远（实为有情）而充满幸福感。这种从月亮得到的孤而不独的天人之乐是他跋涉人生的坚实后盾和自强源泉。所以他不断与明月对酒，与明月歌舞，与明月结成了永远的朋友，即其所谓"永结无情游"（不沾染世情的纯洁的交游）。

李白从小就喜欢明月，据说他妹妹月圆的名字就是他取的。李白在天宝十二载（753年）用乐府旧题所作《古朗月行》诗中回忆道：

> 小时不识月，呼作白玉盘。
> 又疑瑶台镜，飞在青云端。
> 仙人垂两足，桂树作团圆。
> 白兔捣药成，问言与谁餐？
> ……

诗的前半段尽显童真的情趣，也是诗人与明月"永结无情游"的来由与起点。此后，他看月，玩月，思月，问月，话月，颂月，向往明月而一发不可收拾。他在《静夜思》里说："举头望明月，低头思故乡"；在《梦游天姥吟留别》里说："湖月照我影，送我至剡溪"；在《长相思》里说："孤灯不明思欲绝，卷帷望月空长叹"；在《金陵城西楼月下吟》里说："月下沉吟久不归，古来相接眼中稀"；在《宣州谢朓楼饯别校书叔云》里说："俱怀逸兴壮思飞，欲上青天览明月"；在《独漉篇》里说："独漉水中泥，水浊不见月。不见月尚可，水深行人没"；在《望月有怀》里说："寒月摇清波，流光入窗户。对此空长吟，思君意何深"；在《把酒问月》里说：

"青天有月来几时，我今停杯一问之。人攀明月不可得，月夜却与人相随"；……据杨义先生统计，在李白现存诗歌1166首中，就出现"月"字达523次之多；而《全唐诗》50836首诗中，"月"字的出现为11055次。可见李白用"月"入诗的频率大大高于《全唐诗》的用"月"频率。杨义先生为之叹道，这"切切实实地是李白诗中最富诗情的超级意象，一种具有开风气价值的意象。自从李白以旷世的天才开发了明月意象的丰富、奇幻而精妙的动能，中国古典诗词就长期笼罩着一层或浓或淡的'人月相得，心月互通'的趣味了"①。杨义先生还说，李白月亮情结的内涵，"旨在追寻一种人文情怀，一种富有超越感的世界感觉，一种人与天地万象进行精神契合的审美享受。他给人间留下了人与自然相亲和的高雅的意兴"②，确是的论。

因为月的高洁温馨而可人，李白将他与第一任妻子许夫人所生的女儿平阳又取了一个小名叫明月奴（参见魏颢《李翰林集序》）。他与明月结伴一生，最后的归宿也指向明月。李白于代宗宝应元年（762年）十一月卒于当涂后，便有了关于其死因的许多传说。其中除"以疾卒"以外，最重要的也是极美丽的一个传说就是"捉月而溺"。这后一个传说在早乃由唐人裴敬《翰林学士李公墓碑》引起。碑文提及作者"尝游上元蒋山寺，见翰林（指李白）赞志公云：'水中之月，了不可取……'"云云。后来后晋刘昫等撰《旧唐书·李白列传》又言白"尝月夜乘舟，自采石达金陵，白衣宫锦袍，于

---

① 杨义：《李杜诗学》，北京出版社2001年版，第346页。
② 杨义：《李杜诗学》，北京出版社2001年版，第379页。

舟中顾瞻笑傲，旁若无人。……后遇赦得还，竟以饮酒过度，醉死于宣城"。有了这两点启示，民间遂生起李白醉入水中捉月而溺，复骑鲸上天的故事。北宋诗人梅尧臣则以此为题材，作《采石月赠郭功甫》（载《宛陵集》卷四十三）纪其事：

> 采石月下闻谪仙，夜披锦袍坐钓船。
>
> 醉中爱月江底悬，以手弄月身翻然。
>
> 不应暴落饥蛟涎，便当骑鲸上青天。
>
> 青山有冢人谩传，却来人间知几年。
>
> ……

以后元人王伯成在《李太白贬夜郎》杂剧中，说李白不仅入水中捉月，而且还被龙王迎接了去。明人冯梦龙"三言"中的《警世通言·李谪仙醉草吓蛮书》则写诗人在一个月明如昼的夜晚，泊舟于采石江边畅饮美酒，忽然狂风大作，波涛汹涌，有一条长数丈的鲸鱼奋鬣前来。李白遂跨上鲸背，腾空上天去了。

李白捉月塑像（安徽马鞍山采石矶）

后人中也有不相信李白"醉入水中捉月而溺"的。南宋人洪迈《容斋随笔》卷三用不以为然的笔调写道："世俗多言李太白在当涂采石，因醉泛舟于江，见月影俯而取之，遂溺死。故其地有捉月台。"同属南宋的陈葆光则说："子美后说李太白宿江上，于时高秋澄流，若万顷寒玉。太白见水月，

即曰：'吾入水捉月矣。'寻不得尸。说者云水解，此神仙之事也。"（《三洞群仙录》卷十六）不过，当代也有学者认为，李白"醉入水中捉月而溺"，虽为笔记野史之言，却并非是无稽之谈。安旗先生在《李白纵横探》一书中就认为："从李白当时近乎疯狂的精神状态来看，这种情况是可能的。"安旗先生展开想象的翅膀，写道：

> 在深秋的一个夜里，李白穿上他当年在翰林院中穿过的宫锦袍，乘上一叶小舟，出游采石江中。"纵一苇之所如，临万顷之茫然"。于是饮酒赋诗……夜，已深了；人，已醉了；歌，已终了；泪，已尽了；李白的生命也到了最后一刻了。此时，夜月中天，水波不兴，月亮映在江中，好像一轮白玉盘，一阵微风过处，又散作万点银光。多么美丽！多么光明！多么诱人！"我追求了一生的光明，原来在这里！"醉倚在船舷上的李白，伸出了他的双手，向着一片银色的光辉扑去……①

台湾诗人余光中先生在《寻李白》诗中写李白："樽中月影，或许那才是你的故乡，常得你一生痴痴地仰望？"（《隔水观音集》）李白一生钟情于明月。他最终将生命托付于它，在那里觅到自由与幸福的归宿——当是合理的，亦符合诗人其时的精神面貌。这个安排，乃是唐以降千百年来人们爱戴诗人，仰慕诗人的产物。对此，我们应该颔首莞尔，不必过多较真和责难。

三、绣口一吐就半个盛唐

李白对大自然的依恋，我们今天称做"情结"。这是一种浓浓

---

① 安旗：《李白纵横探》，陕西人民出版社1981年版，第77页。

的如醇酒似的难以化解的纠结，是一份深藏于心底又随时可以喷发的火山般的感情。李白对大自然的情结既有指向风花雪月山川草木的，也有指向大漠荒原飞禽走兽的，还有指向古城高楼歌台水榭的。因此，他的大自然情结是多元的、泛化的，不拘一格而与之合一。李白出蜀以后，马不停蹄地行走于祖国的奇山秀水间，饱览江河红日、关山明月，饥餐溪泉清冷、松柏瀯露。他笔下的漫游诗、山水诗、咏物诗，既写景，又抒情，情景浑然，物我交融，以奇崛而瑰丽的想象，讴歌自然伟力，描绘大好江山，推拥盛唐气象。

乾元元年（758年）暮春，李白在妻子宗氏、妻弟宗璟陪同下，赴长流夜郎地，从寻阳溯江抵达江夏。在经过长江之中烟波簇拥的鹦鹉洲（在武昌与汉阳之间）时，他写了一首题为《鹦鹉洲》的诗：

鹦鹉来过吴江水，江上洲传鹦鹉名。

鹦鹉西飞陇山去，芳洲之树何青青。

烟开兰叶香风暖，岸夹桃花锦浪生。

迁客此时徒极目，长洲孤月向谁明？

晴川阁（湖北武汉之汉阳）

元人方回《瀛奎律髓》卷一评论说："太白此诗，乃是效崔颢体，皆于五、六加工，尾句寓感叹"。明人唐汝询编《唐诗解》卷四十也说："此登览而伤迁逐也。洲名鹦

鹉，因步骤黄鹤楼以成篇。"原来在开元十七年（729年）春，即李白送孟浩然赴广陵一年后，诗人崔颢漫游江南，登上武昌蛇山上的黄鹤楼，遥望鹦鹉洲景色，想起它所负载的一些人文故事而感慨万千，便提笔在黄鹤楼墙上写下一首七律：

> 昔人已乘黄鹤去，此地空余黄鹤楼。
>
> 黄鹤一去不复返，白云千载空悠悠。
>
> 晴川历历汉阳树，芳草萋萋鹦鹉洲。
>
> 日暮乡关何处是？烟波江上使人愁。

崔颢的这首诗，后人给冠了一个题目叫《黄鹤楼》。宋人严羽《沧浪诗话·诗评》说："唐人七言律诗，当以崔颢《黄鹤楼》为第一。"以后（至迟在乾元元年之前）李白重登黄鹤楼，放眼远处充满传奇色彩的鹦鹉洲，兴头所至，也不禁想挥毫赋诗于壁，却猛见崔颢此诗，罢而长叹道："眼前有景道不得，崔颢题诗在上头。"此事见载于宋人计有功《唐诗纪事》卷二十一及元人辛文房《唐才子传》卷一。这个故事以近乎夸张的形式道来，不外盛赞崔颢书写江山旖旎、世事沧桑的大气概、大手笔。不过，翻检《李太白集》后人们发现，当时李白虽说敛手不写黄鹤楼，尔后却仍然作了前述那首《鹦鹉洲》来与崔颢较劲。

李白鹦鹉洲诗大概是诚心要与崔颢比试工夫，所以连格调也沿袭崔颢，却到底败下阵来。其实李白是心知肚明的，而且可能一直耿耿于怀，所以他后来带着戏谑调侃的口气说，不如干脆把这惹事的黄鹤楼、鹦鹉洲一拳捣碎、一脚踹翻算了。遍数他所游历过的山川名胜，这样的态度，似乎仅此一例。这事发生在乾元二年（759年）夏天。时李白从流放夜郎的途中遇赦，乘舟返回经过江夏，遇

到老朋友韦冰。韦冰时任南陵（今安徽南陵）县令，但多年未得升迁。这一对政治上失意的故交聚在一起，把盏忆苦，借酒浇愁，遂使李白思如泉涌，竟一口气写出三首诗来。前两首是凭吊祢衡、发思古之幽情的，后一首题为《江夏赠韦南陵冰》。诗曰：

……

愁来饮酒二千石，寒灰重暖生阳春。

山公醉后能骑马，别是风流贤主人。

头陀云月多僧气，山水何曾称人意。

不然鸣笳按鼓戏沧流，呼取江南女儿歌棹讴。

我且为君捶碎黄鹤楼，君亦为吾倒却鹦鹉洲！

赤壁争雄如梦里，且须歌舞宽离忧。

黄鹤楼（湖北武汉之武昌）

从诗行可以看出，诗人虽然饕餮牛饮，但喝的却是苦酒、闷酒。他曾满怀报国壮志、济世宏图投身军营，却不幸成为当朝天子（肃宗）和一方诸侯——永王李璘之间权力斗争的牺牲品。现在寂寞潦倒，虽把酒消愁却愁更愁。

还是去遨游山水吧，但又觉得那青山绿水、清风皓月已被天下寺僧占却了去，并不真正属于像自家这般魂牵苍生、梦萦社稷的迁客骚人。倒不如乘船浪游，招乐引妓，去醉入花丛，忘却世间烦恼吧！可是，这无疑自欺欺人。诗人当然明了这一点，而且眼前兀然屹立、

赫然鲜明的，仍是当年那有些恼人的黄鹤楼、鹦鹉洲。他因此借题发出"捶碎""倒却"之吼，似乎这样才能一吐胸中闷垛，一泄心头郁结。然而，这毕竟是诗人一时意气。黄鹤楼没有碎，鹦鹉洲芳草如故，长江水依然滚滚东流……诗人酒尽梦醒，只能喟然长叹，怅然若失。

大致因为李白这首诗的畅晓痛快、情致淋漓而获得当时陪游陪酒的"江南女儿"的喜欢，于是很快便借助她们的婉转歌喉唱遍江南。有一位姓丁的排行第十八的文学小青年闻听后，却写诗讥嘲李白，大意是说，人家黄鹤楼、鹦鹉洲并没有得罪您太白老翁，凭什么您要如此薄待它们？当时李白并没恼怒，而是以同样调侃的口气又写了一诗题为《醉后答丁十八以诗讥余捶碎黄鹤楼》的七古唱曰：

> 黄鹤高楼已捶碎，黄鹤仙人无所依。
>
> 黄鹤上天诉玉帝，却放黄鹤江南归。
>
> 神明太守再雕饰，新图粉壁还芳菲。
>
> 一州笑我为狂客，少年往往来相讥。
>
> 君平帘下谁家子，云是辽东丁令威。
>
> 作诗调我惊逸兴，白云绕笔窗前飞。
>
> 待取明朝酒醒罢，与君烂漫寻春晖。

依然一副醉眼蒙眬、似醒未醒的样儿，令人忍俊不禁。李白多次登临黄鹤楼，写过不少关于黄鹤楼的诗（如《与史郎中钦听黄鹤楼吹笛》《送储邕之武昌》等都是佳构），有着强烈的"黄鹤楼情结"。在他传世的1100多首诗歌中，有11次提到黄鹤楼。[1] 他之所

---

① 参见杨义：《李杜诗学》，北京出版社2001年版，第116页。

以突然要"捶碎黄鹤楼","倒却鹦鹉洲",乃是惊异继而嫉妒崔颢题诗的神来之笔。然而他又是心胸开放之士,光明磊落之人,虚怀若谷,愿赌服输。所以他也能善待对他不恭或出言不逊者,以宽宏亲和的态度去与丁十八商榷进而交友,还计划同这个莽撞而坦率的可爱男孩儿去游赏烂漫春光。李白对人的嫉妒,在他既是压力,更是动力——鞭策他堂堂正正、奋发图强又另辟蹊径地去与竞争者角力争雄。从这个边界出发,他也一定会创造出可与心目中的对手颉颃甚至有所超越的好诗来。毕竟,他是一生都在用心灵的真实来畅写人性和自然山水的伟大诗仙。

上元二年(761年)夏天,李白送宗夫人去庐山向女道士李腾空学道之后,又乘船东下,来到六朝故都金陵。他徜徉在悠悠的蓝天白云下,漫步在莽莽的长江烟波前,想到自己出将入相之梦难圆,胸怀壮志未酬(时"安史之乱"未平),不禁心生悲凉,但很快又被眼前恢宏壮观的景致打动,遂引吭吟出一首清亮飘逸的《登金陵凤凰台》:

> 凤凰台上凤凰游,凤去台空江自流。
>
> 吴宫花草埋幽径,晋代衣冠成古丘。
>
> 三山半落青天外,一水中分白鹭洲。
>
> 总为浮云能蔽日,长安不见使人愁!

凤凰台在今南京市城西南花露岗仓顶一带,相传南朝刘宋元嘉年间有三只凤凰飞集于此处山丘栖息。后来人们便在这里筑起凤凰台,山也得名凤凰山。诗中提及的白鹭洲在城西三里长江之中,约在今莫愁湖西岸至上新河一带,因洲上常有白鹭聚集,故名。

李白写作此诗时已是六十有一。(他写出此诗后的是年八月,

便以"烈士暮年"的壮心向李光弼请缨上阵杀敌）他这回大概是生平第七次踏上金陵这块形胜之地。（天宝六载年底至八载岁末还在金陵长住过）但经过"附逆"案（至德二载正月，李白可能随永王璘水师到过金陵）的劫难后，李白对这里是既熟悉又陌生。他迟疑之中缓步登上凤凰台，傍依长江，侧眺远处云雾缭绕中若隐若现的三座山峰，俯瞰把长江分割成两江的那一小片白鹭洲，顿觉精神一振，情荡胸臆，遂成这首七律佳构。

李白此诗距离崔颢黄鹤楼题诗已有 32 年。李白作为其时名满天下，几乎漫游过祖国所有名山大川，历尽尘世无数沧桑的诗坛泰斗，早非当年那位意气逍盛的文学青年了。其笔头也少去那个年龄段通常咄咄逼人的张扬而尽显苍劲与老辣。所以他描绘的金陵山水，在壮丽气象之中，蕴涵了胸怀天下的大抱负与深邃的生命哲学及历史哲学。这时他或许已忘记 32 年前崔颢那首令他羡羡然而又悻悻然的黄鹤楼诗，却于不经意间在格式与意境上取得完全可以与之比肩的成就。这正所谓"踏破铁鞋无觅处，得来全不费功夫"！

宋人刘克庄《后村诗话》卷一称誉说："古人服善，李白过黄鹤楼，有'眼前有景道不得，崔颢题诗在上头'之句。至金陵遂为《凤凰台》诗以拟之。今观二诗，真敌手棋也。若他人，必次颢韵，或于诗版之傍别著陪矣。"元人方回《瀛奎律髓》卷一也评论说：李白这首凤凰台诗，与崔颢的黄鹤楼诗相比，"格律气势，未易甲乙"，实难分伯仲。今人袁行霈先生也说："李白很少写律诗，而《登金陵凤凰台》却是唐代的律诗中脍炙人口的杰作。"袁先生还说，李白的这首与崔诗在用韵上，"都是意到其间，天然成韵"；"而作为登临吊古之作，李诗更有自己的特点。它写出了自己独特

的感受，把历史的典故、眼前的景物和诗人的感受，交织在一起，抒发了忧国伤时的怀抱，意旨尤为深远"。① 杨义先生则从"盛唐气象"，包括他所谓的"醉态盛唐"的角度（诗学的角度）来看待李白与崔颢在黄鹤楼诗上的争雄竞长（杨义先生命之为"崔李诗缘"）。他指出：

> 在崔李诗缘的佳话中，李白以诗为生命不朽之见证，识高明而折服，折服之后又慕高明而锲而不舍地与之竞争，这种醉态盛唐的生命进取性、柔韧性和坚执的力度，本身就是一种关于人格的绝唱了。
>
> ……
>
> "黄鹤楼情结"是醉态盛唐的具有典型价值的诗学心理情结。怀有此情结的李白，不仅要与崔颢诗争高低，而且雄心勃勃地要摘取整个盛唐诗的桂冠，在某种诗的极境追求中显示生命的不朽的强力。②

在黄鹤楼诗的竞争中，李白与崔颢至少打了个平手。但放眼整个盛唐诗坛，他是把大唐的自由、快乐而充满活力的青春之歌唱得最高亢嘹亮的第一人，其势头远超崔颢（其在《全唐诗》仅存诗一卷凡四十七首）就不必说了，甚至盖过杜甫、王维以及孟浩然。他举手投足之间，都满是生命的朝气与灵气，"即使是享乐、颓丧、忧郁、悲伤，也仍然闪烁着青春、自由和欢乐"，"痛快淋漓，天才极至，似乎没有任何约束，似乎毫无规范可循，一切都是冲口而出，

---

① 《唐诗鉴赏辞典》，上海辞书出版社 2004 年第 2 版，第 333 页，334 页。

② 杨义：《李杜诗学》，北京出版社 2001 年版，第 118 页。

随意创法，却是这样的美妙奇异、层出不穷和不可思议。"① 他用豪爽的个性、奇崛的思维、开阔的眼界、傲岸雄放而又清丽飘逸的风骨，将盛唐气象写满他漫游过的山山水水，将盛唐诗人的豪迈、乐观、奋发精神和独立不羁、纵横天地的气概深镌于蜀道天梯傍，高写在长江孤帆上，渗浸进峨眉山月里，溶汇入庐山瀑布间……被后人誉为"盛唐气象"的"双子星座"之一的杜甫也由衷地佩服他，夸他为："笔落惊风雨，诗成泣鬼神。"（《寄李十二白二十韵》）与他同时代的另一位诗人任华也有《杂言寄李白》说："古来文章有能奔逸气，高耸高格，清人心神，惊人魂魄。我闻当今有李白。"（《又玄集》卷上）近人郑振铎先生更用欣喜的笔调这样盛赞李白：

> ……他的诗的风格是豪迈联合了清逸的。他是高适、岑参又加上了王维、孟浩然的。他恰好代表了这一个音乐的诗的奔放的黄金时代。在我们的文学史上，没有第二个像开、天的万流辐辏，不名一轨的时代；也没有第二个像李白似的那么同样的作风的。他是不可模拟的！②

开元二十二年（734 年）前后李白作《冬日于龙门送从弟京兆参军令问之淮南觐省序》，自负而坦然地写下如是文字：

> 常醉目吾曰："兄心肝五藏，皆锦绣耶？不然，何开口成文，挥翰雾散？"吾因抚掌大笑，扬眉当之。使王澄再闻，亦复绝倒。观夫笔走群象，思通神明，龙章炳然，可得而见。

李白对族弟令问好奇而真诚的溢美欣然接受（从此汉语言文学

---

① 李泽厚：《美的历程》，载李泽厚《美学三书》，安徽文艺出版社 1999 年版，第 134 页~135 页。
② 郑振铎：《插图本中国文学史》上册，北京出版社 1999 年版，第 322 页。

中便有了"锦心绣口"这条成语），是因为他相信自己就是天才，是大唐诗坛的无冕之王。他可以口吐锦绣，笔底生花，一个人就可以支撑诗坛的半个天空。一千多年后，诗人余光中先生在《隔水观音集·寻李白》中亦看到这个事实，用当代最煽情的文字来向这个盛唐气象之王致敬：

……

> 酒入豪肠，七分酿成了月光。
>
> 剩下的三分啸成剑气，
>
> 绣口一吐，就半个盛唐。

四、大鹏之歌中的自由心声

李白是盛唐诗坛拥戴的王者，也是有唐一代最富浪漫禀性与自由精神的旅行家。他的浪漫禀性与自由精神来源于"学道"，来源于庄、老思想的熏陶，也来源于与大自然的交流对话中。而最能代表他浪漫禀性与自由精神的是《大鹏赋》。

前面已经提过，李白在开元十三年（725 年）岁末于江陵与年近八十的道士司马承祯相遇，后者不断夸奖他"有仙风道骨，可与神游八极之表"——这句话，李白照录在当时所作《大鹏遇希有鸟赋》的序文中。他称作此赋的目的是"自广"，即自己宣传自己，可见他很看重司马大师的表彰。他将自己比作大鹏，将司马承祯（字子微）比作希有鸟。按大鹏取自《庄子·逍遥游》，其能"水击三千里，抟扶摇而上者九万里"；希有鸟为旧题东方朔的《神异经·中荒经》中的昆仑山神鸟，"南向张翼覆东王公，右翼覆西王母"，气势也大得很。李白此赋借用《逍遥游》与《中荒经》故事

抒发追求精神解放，去广阔天地里自由翱翔的豪情逸致，在大鹏身上寄托了自己的政治理想、生活理想与审美理想。赋中吟道：

> 焯赫于宇宙，凭陵乎昆仑。一鼓一舞，烟朦沙昏。五岳为之震落，百川为之崩奔。乃蹑厚地，揭太清，亘层霄，突重溟。激三千以崛起，向九万而迅征……

我们今天读到这些雄奇、夸张，充满自由、浪漫精神的句子，也不禁会浩气盈胸，神采飞扬，更不用说1200多年前那一代满怀抱负、雄姿英发的盛唐知识分子了。这里摘引与李白同时代及其以后的一些唐人的心得——

任华云："嗤长卿，笑子云，班扬所作琐细不入耳，未知卿云得在嗤笑限。登庐山，观瀑布：'海风吹不断，江月照还明'，余爱此两句。登天台，望渤海：'云垂大鹏飞，山压巨鳌背'，斯言亦好在。……见说往年在翰林，胸中矛戟何森森！新诗传在宫人口，佳句不离明主心。"（《杂言寄李白》）。

皮日休云："吾爱李太白，身是酒星魄。口吐天上文，迹作人间客。……大鹏不可笼，大椿不可植。蓬壶不可见，姑射不可识。五岳为辞锋，四海作胸臆。惜哉千万年，此俊不可得。"（《李翰林白》）

释齐己云："竭云涛，刳巨鳌，搜抬造化空牢牢。……销金铿玉千余篇，脍吞炙嚼人口传。须知一一丈夫气，不是绮罗男女言。"（《读李白集》）

……

开元、天宝之际的李白是文坛上一颗光彩夺目的巨星，再加上好友元丹丘及玉真公主（持盈法师）的推荐，他终在天宝元年

（742 年）秋得以"入翰林，名动京师"（魏颢：《李翰林集序》）。他刚入翰林供奉时很受皇帝恩宠，然而不久就遭到张垍等小人的谗毁，从而被迫上疏求归，实际上遭到放逐，到底离开了朝廷。时为天宝三载（744 年）三四月间。"且放白鹿青崖间，须行即骑访名山。安能摧眉折腰事权贵，使我不得开心颜！"（李白《梦游天姥吟留别》）正是他此时心境的写照。他在《上李邕》诗里说："大鹏一日同风起，抟摇直上九万里。假令风歇时下来，犹能簸却沧溟水。"他以《庄子·逍遥游》里的大鹏自况，说自己虽然因"风歇"而失势，但却能翻江倒海，搅动乾坤，说明他没有屈服，依然心雄万夫。可能就是在这时候，他对先前的《大鹏遇希有鸟赋》不甚满意，"悔其少作，未穷宏达之旨"（李白《大鹏赋并序》），故而予以重写，简题作《大鹏赋》，成为我们今天所见到的面貌。其有云：

> 岂比夫蓬莱之黄鹄，夸金衣与菊裳？耻苍梧之玄凤，耀彩质与锦章。既服御于灵仙，久驯扰于池隍。精卫勤苦于衔木，鹓鶵悲愁乎荐筋；天鸡警曙于蟠桃，踆乌晰耀于太阳。不旷荡而纵适，何拘挛而守常？未若兹鹏之逍遥，无厥类乎比方。不矜大而暴猛，每顺时而行藏。参玄根以比寿，饮元气以充肠。戏旸谷而徘徊，冯炎洲而抑扬……

李白在赋中一扫黄鹄、玄凤、精卫、鹓鶵、天鸡、踆乌等的"拘挛而守常"之状，更不屑斥鹦的委琐与狭小，表达冲破藩篱，追求自由的心声，赢得当时一般知识分子的拍手称快，大声叫好。所以，《大鹏赋》一写就，便不胫而走，迅速传遍国中，其热火场面自然超过了它的初稿《大鹏遇希有鸟赋》；一时洛阳纸贵，竟至

家喻户晓。① 那时李白因"戏万乘若僚友，视俦列如草芥"（苏轼《李太白碑阴记》）而深得天下士子的普遍尊重，他的"扬眉吐气，激昂青云"（李白《与韩荆州书》）的精神风采，更是令万众景仰。

李白最爱以大鹏自喻，以鹏举万里的磅礴大气激励自己不受任何约束地追求理想抱负的实现，追求个性精神的潇洒开放。他特立独行，风姿高逸，气韵豪迈，视野

李白墓（安徽当涂青山）

开阔，可以说具有天地精神、世界胸怀、宇宙眼光，很能代表时代风尚、唐人气魄。他在《日出入行》诗里说："吾将囊括大块，浩然与溟涬同科！"即要去与天地自然融为一体，去热烈拥抱和占有整个宇宙（"大块"）。这口气实在是大。李白在《大鹏赋》里也描述过大鹏翱翔宇宙的气势，如前引："焜赫于宇宙，凭陵乎昆仑……"对此，明人方孝孺有《吊李白》以盛赞："君不见唐朝李白特达士，其人虽亡神不死。声名流落天地间，千载高风有谁似？……"

李白还曾以天马自喻。其《天马歌》写少年负气时的天马：

天马来出月支窟，背为虎文龙翼骨。

---

① 魏颢：《李翰林集序》说："《大鹏赋》时家藏一本"。

嘶青云，振绿发，兰筋权奇走灭没。

腾昆仑，历西极，四足无一蹶。

鸡鸣刷燕晡秣越，神行电迈蹑恍惚。

……

李白还有《古风五十九首》其三十三，感叹北溟巨鱼的豪气：

北溟有巨鱼，身长数千里。

仰喷三山雪，横吞百川水。

凭陵随海运，燀赫因风起。

吾观摩天飞，九万方未已。

李白自恃才高八斗而雄视八荒。他的《大鹏赋》《天马歌》等显示出他志在四方和干大事业、做大贡献的大气魄、大眼光和桀骜不驯、独立不羁、自由开放的自尊、自强、自立精神。这是他所以"不求小官，以当世之务自负"（刘全白《唐故翰林学士李君碣记》），"横被六合""力敌造化"（李阳冰《草堂集序》）的底气之所在；也是他的诗文之所以能切合一般唐人特别是一般士子心理的原因之所在。因此，他的《大鹏赋》能为时人倾倒，得以争相传诵，当毫不为怪。

李白在生命的最后十年，每每流连、盘桓于皖南的秀山丽水间，在铜陵、南陵、秋浦、泾县、宣城（今安徽宣州）以及黄山等长江以南的广阔地带留下许多清旷秀逸的山水诗。肃宗上元二年（761年）秋

李阳冰

冬之交，李白从金陵最后一次作皖南之游，并投靠当涂县令、族叔李阳冰。诗人在当涂前后有一年光景，这期间虽也曾有过放歌"龙山饮"之欢愉，但总的来看处境并不好，最终死在当涂（代宗宝应元年十一月）。其初葬于当涂龙山东麓。与之隔河相望的青山（即谢公山），是南齐著名山水诗人谢朓（曾为宣城太守）筑室秉笔处所。李白"一生低首谢宣城"（王士禛《论诗绝句三十二首》其三），常在此瞻仰，咏叹；晚岁"悦谢家青山，有终焉之志"（范传正《唐左拾遗翰林学士李公新墓碑并序》）。后人遂其志而将他的墓葬迁于青山之阳。时在唐宪宗元和十二年（817年）正月二十三日。

关于李白的死因，历史上有多种说法，但为时所重者，如前所述，一是"以疾卒"，二则为"醉入水中捉月而溺"。

因病而死之说，起于李阳冰为李白写的《草堂集序》，其有"公又疾亟"句。以后的碑碣著述多主此说。例如范传正《唐左拾遗翰林学士李公新墓碑并序》说："至今尚疑

李白醉酒雕塑（陕西西安兴庆公园）

其醉在千日，宁审乎寿终百年？"李白好酒，晚年到了无酒不能生的地步，所以因醉而致疾致命的可能极大。晚唐诗人皮日休《李翰林白》诗亦云："竟遭腐胁疾，醉魄归八极"，明确地说李白是因醉致病而死的。郭沫若《李白与杜甫》也指出，李白终"以'腐胁

疾'病死在当涂"。① 郭沫若先生曾着力于医道，他从医学角度对李白死因问题作了认真的考证。

李白临终前赋诗一首，即《临终歌》（《李太白文集》卷七作《临路歌》）。歌曰：

> 大鹏飞兮振八裔，中天摧兮力不济。
>
> 余风激兮万世，游扶桑兮挂左袂。
>
> 后人得之传此，仲尼亡兮谁为出涕！

郭沫若赞此时的李白"照样自比为大鹏，自负之心至死不变"。②

李白逝世前几年（上限可推至至德二载李白寻阳系狱之时）还作了两首七言歌行，即《笑歌行》《悲歌行》，历来争议很大。因为在人们的印象中，李白的七言歌行如《襄阳歌》《江上吟》《梁园吟》等，都写得波澜壮阔，跌宕起伏，如电劈长空，雷响天外，可是他的《笑歌行》《悲歌行》，却似显粗浅鄙陋。因此，从苏轼到沈德潜，都斥之为他人窜入的伪作。尽管如此，历代选本，包括康熙《御定全唐诗》，却依旧将它们系于李白名下。那么，其真实情况能否厘清呢？

笔者查《全唐诗》（岳麓书社版），卷一百六十六下确有《笑歌行》《悲歌行》二首，但附有小注："苏轼云是伪作。"那么，苏轼是怎么说的呢？他是这样讲的：

> 今太白集中有《悲来乎》《笑矣乎》及《赠怀素草书》数

---

① 郭沫若：《李白与杜甫》，人民文学出版社1971年版，第132页。
② 郭沫若：《李白与杜甫》，人民文学出版社1971年版，第308页。

诗，决非太白作。盖唐末五代间贯休、齐己辈诗也。予旧在富阳，见国清院太白诗绝凡近，过彭泽唐兴院，又见太白诗亦非是。良由太白豪俊，语不甚择，集中往往有临时率然之句，故使妄庸敢尔。若杜子美，世岂复有伪撰者耶！①

入元以后，萧士赟在《分类补注李太白诗》之《笑歌行》下注云：

> 此篇与后《悲歌行》皆非太白之作，乃世俗无知者所托也。

明代朱谏《李诗辨疑》卷下也说道：

> 按《笑歌行》《悲歌行》二诗辞意格调如出一手，言无伦次，情多反复，怂语切切，欲心逐逐，初则若薄于功名富贵者，末则眷恋流涎，而躁急忮害之不已，是则为可怪也。以之拟谪仙，谪仙岂若是之浅陋乎！……

清人沈德潜在《唐诗别裁集》卷六里亦持同论：

> 太白七言古想落天外，局自变生。大江无风，波浪自涌；白云从空，随风变灭。此殆天授，非人可及。集中如《笑矣乎》《悲来乎》《怀素草书歌》等作，皆五代凡庸子所拟。后人无识，将此神人逃，嘐訾者指太白为粗浅人作俑矣。读李诗者，于雄快之中得其深远宕逸之神，才是谪仙人面目。

看来，自苏轼以来，古今治李诗者大都断《笑歌行》《悲歌行》为窜入李诗的伪作，其理由是"二行"艺术水平低劣。那么，我们

---

① 转自瞿蜕园、朱金城：《李白集校注》引王琦注，上海古籍出版社 1980 年版，第 531～532 页。

先来粗略看看"二行"的面貌吧——

> 笑矣乎，笑矣乎！君不见曲如钩，古人知尔封公侯。君不
> 见，直如弦，古人知尔死道边。张仪所以只掉三寸舌，苏秦所
> 以不垦二顷田。……　　　　　　　　　　（《笑歌行》）

> 悲来乎，悲来乎！主人有酒且莫斟，听我一曲悲来吟。悲
> 来不吟还不笑，天下无人知我心。君有数斗酒，我有三尺琴。
> 鸣琴酒乐两相得，一杯不啻千钧金。……　　　　（《悲歌行》）

粗看起来，"二行"确实不及李白其他七古的排山大势，倒海雄风，难怪苏轼等人颇为看轻，甚至嗤之以鼻。不过，今人也有唱反调的。代表者如郭沫若先生，他在《李白与杜甫》一书里说：

> 《笑歌行》和《悲歌行》两诗，自宋代苏东坡以来，专家们都认为"断非太白作"。其实这个断案，下得真是武断。这两首诗，还有其他的诗如《答王十二寒夜独酌有怀》之类，彻底打破了"温柔敦厚"的老教条，正突出了李白的积极性的一面，断为伪作是老教条的幽灵在作怪。①

公正地讲，郭沫若先生的论断颇有些感情用事之嫌。第一，如果说"二行"诗等打破了"温柔敦厚"的老教条，那么李白其他更为大气、雄浑的诗作，如《蜀道难》《将进酒》《日出入行》等，又该怎么评论呢？其实，所谓"温柔敦厚"的诗教，自初唐王骆卢杨就在开始打破，迨及李白一代盛唐浪漫诗人而被打得粉碎。"二行"从整体看来，如果真是李白之作也算不上是他的代表作，郭沫

---

① 郭沫若：《李白与杜甫》，人民文学出版社 1971 年版，第 177 页。

若先生在它们身上使用"彻底打破"、"突出了"一类话语，似太过誉。

第二，李白的诗歌，的确堪称积极浪漫主义的典型。它们与杜甫诗歌一道，成为唐代诗歌并峙的双峰，这是唐以来的千年公认；而且在古来许多学人眼中，李白俨然就是"盛唐气象之王"。但这并不意味着李白做的每一首诗都是好诗，都字字珠玑，句句玲珑。郭沫若先生对不是李诗代表作的"二行"（如果我们承认是李诗的话）也大力推崇，是有些爱屋及乌了。

现在回过头来看，李白写"二行"时，正当被"附逆"问罪或问罪以后，往日的一些朋友像高适等也离他而去（即如杜甫所谓"世人皆欲杀"之），致使他甚感落寞，遂作此怪诞的诗以讽世事，既而取得精神的自衡、自悦与自由及自励。这样的主旨与手法，在艺术上自然不可与李白的其他优秀作品相媲美，但却是质朴平实，快人快语。这点上颇有诗僧寒山以及贯休、齐己的

寒山画像（选自民国·虚云和尚辑《佛祖道影》）

风范。寒山等的诗歌，以不事雕琢、平白如话见长，明快、清新、朴素、流畅。只是他们同初唐有"白话诗人"之称的王梵志一样，历来很被人小瞧，认为难登诗歌的大雅之堂。因此，李白诗歌中竟出现类似的诗，当然会令以"波澜富而句律疏"、"锻炼精而情性远"（刘克庄《后村诗话》前集）名世的苏轼看不顺眼，于是要把

它们从李诗中剔除。但是，苏诗虽多飘逸不群，不是也还有不少属轻滑平淡之作吗？是不是也该从苏诗里排除掉呢？

所以说仅凭所谓风格不类、水平不高就视"二行"为李诗中的伪作，确乎武断。《全唐诗》（岳麓书社版）采取维持原编面貌，以注存疑的作法，是正确的。在没有实在太有力证据的前提下，还是应将《笑歌行》《悲歌行》视作李白之作，不要轻易将它们划掉。

五、终生"在路上"的追梦者

李白画像（清·上官周绘，选自清乾隆刻《晚笑堂画传》）

李白一生都在筑梦并一直努力将它们化做现实。只是现实往往不给力，反而给以冷遇、碛滞，甚或当头棒喝。这使他十分不解、不平、不甘。《笑歌行》《悲歌行》等轻慢现世、嘲弄世人且傲气依旧的歌行

于是脱口而出，令世人侧目。而其中的辛酸、愤懑与抗争，则少有人去认真理会和理解。李白在"二行"里借用苏秦、张仪、豫让、范蠡、屈平（原）、李斯、李广、朱买臣等诸多侠客、义士、纵横家、政治家、爱国者发声，述说他们的悲欢荣辱，维护和强化自己对现实不灭的幻梦，即他所谓"男儿穷通当有时"（《笑歌行》），"还须黑头取方伯"（《悲歌行》），指论诸杰，壮心未已。"二行"诸杰，虽命运不同，结局各异，却都有在政治上崭露头角甚至大显

身手的机遇。这令李白既羡然又怅然。所怅是自己机遇难得或虽得过却似电光一闪，瞬间即逝。

李白在天宝元年秋至天宝三载三四月间曾在皇帝身边"供奉翰林"，这是他政治上"出将入相"的第一次近在咫尺的良机。可是好景不长，一年半后即被"赐金放还"。李白自己说是因为"张垍谗逐"（这应该是李白亲口告诉给魏颢的，所以被后者写入《李翰林集序》）。只是还有两个原因李白并不知晓，被蒙在鼓里。一是李白整日喝得烂醉，怕他外泄宫中机密；① 二是李白毕竟来自平民，给点甜头便忘乎所以，难堪大任。② 就是因为这两个缘由，加上还有张垍的挑拨，促使原本打算重用李白的玄宗痛下决心放弃了他。然而李白却始终对玄宗抱有知遇之恩，相信他是明君。以后李白误上永王璘的贼船，也是出于对玄宗让永王璘等分置的制诏深信不疑。

李白在至德元载岁末至二载二月应永王璘征召入幕期间，则是他"出将入相"的第二次良机。他甚至幻想着可以成为东晋的谢安而谈笑之间平定"安史之乱"。③ 可是他没有想到，永王连当年唐玄宗让他代草敕诰的勇气也没有，他只能"尘忝幕府，终无能为"（李白《与贾少公书》），后来还锒铛入狱，长流夜郎。可是李白仍愿意相信永王"东巡"的正义性，为"东巡"的遽然失败而迷惘不安。

---

① 范传正：《唐左拾遗翰林学士李公新墓碑并序》记载说，当李白"上疏请还旧山"时，唐玄宗"或虑乘醉出入省中，不能不言温室树（此用《汉书·孔光传》孔光'周密谨慎'之典），恐掇后患，惜而遂之"。

② 段成式《酉阳杂俎》前集卷十二《语资》载李白乘醉令高力士"去靴"事后，玄宗"指白谓力士曰：'此人固穷相'"。

③ 李白《永王东巡歌十一首》其二称："但用东山谢安石，为君谈笑静胡沙。"

黄金台遗址（河北易县燕下都遗址）

对李白这两次"出将入相"之梦的破灭，我们可以说李白在政治上不老辣，不世故，但不可以说他政治上不成熟甚至很糊涂。李白在政治上其实很有想法，而且很执著（比如一再提出迁都金陵的构想），只是与其他大多数人不一样，因而显得怪异，不可理解。他不仅有很浓厚的先秦情结（主要是战国情结），而且还有汉三国两晋南北朝情结（主要是晋代情结）。他一直沉浸在对往古的回忆中。他笔下的许多政治人物（包括帝王将相侠客义士）离唐朝都很远（如前举"二行"中的人物），比例大大超过了本朝人物。他急迫地呼唤燕昭王，呼唤黄金台，呼唤诸葛亮，呼唤谢安石……以刻舟求剑式的固执追求自己仗剑报国的梦想。可是梦想往往与现实有距离，物换星移，一代人有一代人的活法。他却不知道变通，而以纯真的眼光探看面前那个充满未知变数的诡异现实，痴痴地想着以纵横之术、侠客之剑去匹马单枪地闯世界，拯万民，济天下；惜乎青山在，却梦难圆而人已老。然而我们看他暮年还拖着病躯，信心满满地跃马请缨，"冀申一割之用"，能不为之动容，为之鼓掌吗？

李白怀揣梦想而总是出其不意，给人思索，让人错愕。他能"手刃数人"，拂袖而去，"千里不留行"；能"不逾一年，散金三十余万"来接济落魄公子；能在虎视眈眈下为友人离世恸哭不已，背

214

着尸骨借贷去寻安葬地；能"令龙巾拭吐，御手调羹，贵妃捧砚，力士脱靴"；能在朝中一片主战声中独呼不可："君不能学哥舒"；能在众生避之不及之时独自应召，自愿坐上永王贼船；他是名播四海的大诗人，却与平民百姓很亲热，帮他们还债，为他们写诗，给他们歌唱；好端端的一个黄鹤楼、鹦鹉洲，大家称美不迭，他偏要捶碎它，踢翻它；不更世事的小青年跑来嘲笑他，他却要与他同去春光烂漫中晒太阳；他很少写律诗，却能以古笔入律，把律诗作得摇曳多姿，活色生香；他说"白发三千丈"，"燕山雪花大如席"，"飞流直下三千尺"，"黄河之水天上来"，"蜀道之难，难于上青天"，"我欲因之梦吴越，一夜飞度镜湖月"，还要把洞庭湖和湘江水一起化作美酒，供他醉乐；甚至要一手揽下整个宇宙，与天地互融，与星月共舞……

余秋雨先生在论及唐诗时对这位盛唐气象里的天之骄子的王者风范是这样认识的：

> 李白永远让人感到惊讶。我过了很久才发现一个秘密，那就是我们对他的惊讶，恰恰来自于他的惊讶。因此是一种惊讶的传递。他一生都在惊讶山水、惊讶人性、惊讶自己，这使他变得非常天真。正是这种惊讶的天真，或者说天真的惊讶，把大家深深感染了。
>
> 我们在他的诗里读到千古蜀道、九曲黄河、瀑布飞流时，还能读到他的眼神，几分惶恐，几分惊叹，几分不解，几分发呆，首先打动读者的，是这种眼神，而不是景物。……①

---

① 余秋雨：《中国文脉》，长江文艺出版社 2012 年版，第 281 页。

《四库全书》之《李太白文集》

其实，李白心里有着许许多多的梦，如求道寻仙之梦——与万物合一，与日月参光，与天地为常；任侠仗义之梦——去纵横四海，赴士之厄困，守死于危难，解民于倒悬；出将入相之梦——去申管晏之谈，谋帝王之术，使寰区大定，海县清一；拥抱自由之梦——去争取思想的解放、精神的自由、人格的独立，推进自尊自强、自立自在的人性自觉，放飞青春，张举生命，高迈不羁，激昂青云。

奥地利学者弗洛伊德曾经讲过，"梦的主要性质在于将思想变形而为幻觉的经验"，而完成这个历程的过程，则是令人惊讶的。①中国1000多年前的唐朝诗人李白作为一个满怀自由思想、独立人格和青春想象的筑梦人，不断用他的努力去探寻他那个世界，不知疲倦地奔走着，去将盛唐的天空，镶上一片熠熠闪光的星星，不仅让当时的人们错愕不已，也让今天的读者惊讶万分。其实，李白的这些梦，在他那个时代，并未筑圆，也断难筑圆。但这个筑梦的过程、践行理想的过程，也足以令人感动，并再次错愕与惊讶。

李白一直在唐朝的路上辛苦地追寻梦圆时分，就像中国神话中

---

① 参见［奥］弗洛伊德著，高觉敷译《精神分析论》，商务印书馆1984年版，第165页~166页。

216

的夸父逐日——虽然未能达到目的，"道渴而死"，但他留下的手杖，却化成一片娇艳欲滴、绚烂如火的桃花林。李白存世的诗文就是中国文化史上一处盛开的桃花林，气骨高举而又风光旖旎，惹人怜，逗人爱，真乃太白星之精魄耶！

美哉李白梦！

壮哉追梦人！

伟哉李太白！

附录一：

李白大事年表

年代	生平大事	当时史实
武则天长安元年（701 年）	一岁。生于中亚碎叶，在今吉尔吉斯斯坦共和国北部托克马克地区。李阳冰《草堂集序》：李白母亲"惊姜之夕，长庚（太白金星）入梦，故而名白，以太白字之。世称太白之精，得之矣"。	王维生。高适二岁。孟浩然十二岁。贺知章四十二岁。
长安二年（702 年）	二岁。	陈子昂被射洪县令诬陷入狱，忧愤而死，时年四十三岁。
长安三年（703 年）	三岁。	吐蕃献马求婚。
长安四年（704 年）	四岁。	以秋官侍郎张柬之为同平章事（宰相）。

（续表）

年代	生平大事	当时史实
唐中宗神龙元年（705 年）	五岁。随其父李客迁居蜀郡绵州昌隆县之青莲（廉）乡，即今四川省江油市青莲乡（镇）。发蒙。其《上安州裴长史书》："五岁诵六甲"。"六甲"本指甲子、甲戌、甲申、甲午、甲辰、甲寅，又谓道教方术之书。	正月武后卧病。张柬之等发动宫廷政变，诛张易之、张昌宗等，使武后让位，中宗李显复辟。二月，复唐国号。十一月，武后崩，年八十二岁。是年，天下户六百五十万，口三千七百十四万余。
神龙二年（706 年）	六岁。	七月张柬之被武三思杀。
景龙元年（707 年）	七岁。	四月以金城公主嫁吐蕃赞普。七月太子李重俊矫制起兵诛武三思、崇训父子，旋败亡。
景龙二年（708 年）	八岁。	四月置修文馆大学士、直学士、学士，选公卿以下善属文者为之。
景龙三年（709 年）	九岁。	关中饥，米斗百钱。耕牛死十之八九。
睿宗景云元年（710 年）	十岁。其《上安州裴长史书》说："十岁观百家。"	六月韦后与安乐公主毒杀中宗，立温王重茂，改元唐隆。临淄王李隆基与武后女太平公主合谋兴兵攻杀韦后，隆基父相王李旦复辟，是为睿宗。改元景云。立李隆基为太子，时年二十五岁。

年代	生平大事	当时史实
景云二年（711 年）	十一岁。	正月突厥可汗默啜请和。二月太子李隆基监国。贬姚崇、宋璟为申州、楚州刺史。三月以宋王成器女为金山公主，许嫁突厥默啜。十二月召见天台山道士司马承祯问道，对曰："顺物自然而心无所私，则天下理矣。"
玄宗先天元年（712 年）	十二岁。	八月睿宗禅位于太子李隆基，是为玄宗。十二月改元开元。杜甫生于河南巩县，即今河南巩义市。
开元元年（713 年）	十三岁。	七月太平公主专权用事，谋废玄宗事泄。玄宗赐其死，其余死者甚众。宦官高力士因平乱有功，用为右监门将军、知内侍省事。宦官之盛自此始。姚崇复为相。
开元二年（714 年）	十四岁。	正月，置左右教坊。玄宗自教法曲于梨园，受业乐工及宫女称"皇帝梨园弟子"。置翰林院，招文章之士，琴棋书画术数僧道等以为翰林待诏，又称翰林供奉。纳姚崇谏，沙汰天下僧

（续表）

年代	生平大事	当时史实
		尼，万二千余人还俗。闰二月复置十道按察使。四月禁奢靡，禁百官家毋得与僧尼道士往还。十月薛讷等在武街大破来犯吐蕃，击杀万人。吐蕃请和，不许，自是连岁扰边。
开元三年（715年）	十五岁。其《赠张相镐二首》其一说："十五观奇书"；《与韩荆州书》说："十五好剑术"。是年始正式学道，好神仙，习剑术，又作赋。	正月突厥十姓降者万余帐。九月，九姓思结都督磨散等来降。十一月监察御史张孝嵩奉使定西域，康居等国请降。
开元四年（716年）	十六岁。	六月太上皇李旦卒。突厥可汗默啜常为边患，为北部拔曳固所败，斩其首以献。造纸术传入欧洲。闰十二月姚崇辞相位，荐广州都督宋璟自代。《资治通鉴》卷二百一十一说："唐世贤相，前称房、杜，后称姚、宋，他人莫得比焉。"宋璟与苏颋同居相位，互为襄助，相得甚厚。赵蕤编写成《长短经》，多讲纵横术。

（续表）

年代	生平大事	当时史实
开元五年（717年）	十七岁。	十二月诏访求逸书，编校于乾元殿。日本吉备真备（片假名制订者）、阿倍仲麻吕（晁衡）随遣唐使入华。
开元六年（718年）	十八岁。读书于戴天山（即大匡山）。作《访戴天山道士不遇》。从梓州赵蕤学纵横术。	正月敕禁恶钱。十一月吐蕃奉表请和，乞舅甥亲署誓文，及令彼此宰相皆署名于上。
开元七年（719年）	十九岁。继续从赵蕤，始"以侠自任"，并生出由布衣而直致卿相之想。	二月敕太府及府县糶粟十万石，以敛恶钱，送少府销毁。置剑南节度使，领益、彭等二十五州。
开元八年（720年）	二十岁。冬专程赴成都"于路中投刺"新任益州长史苏颋，后者称其"天才英丽"，预言将成大器。作《登锦城散花楼》诗。年底，赴渝州拜谒刺史李邕，献《上李邕》诗。	正月宋璟罢相，改苏颋为礼部尚书，于是弛恶钱之禁。冬，苏颋出为益州大都督府长史，按察节度剑南诸州。印度僧人金刚智、不空来华。二人与开元四年入唐的印僧善无畏合称为"开元三大士"，系密宗创始人。
开元九年（721年）	二十一岁。春，从渝州返青莲乡，继续读书于大匡山。	九月姚崇卒，年七十二岁。以张说为兵部尚书、同中书门下三品。十一月国子祭酒元行冲上《群书四录》四万八

年代	生平大事	当时史实
		千一百六十九卷。命僧一行造大衍历、率府兵曹梁令瓒造黄道游仪以测候七政（即日、月及五星）。
开元十年（722年）	二十二岁。游峨眉山。与逸人东岩子隐于岷山之阳（或为匡山），养奇禽以千计。其《上安州裴长史书》说，时绵州刺史亲自来造访，"因举二人以有道，并不起"。	八月内侍杨思勖平安南梅叔焉，为宦官专兵之始。敕禁卜相占候者不得出入百官之家。北庭节度使张孝嵩破吐蕃。自是累岁，吐蕃不敢进犯内地。
开元十一年（723年）	二十三岁。继续隐于岷山之阳学道。	二月以张说兼中书令。五月置丽正书院，聚文学之士，中有徐坚、贺知章等，以张说为修书使总之。十月置温泉宫于骊山。初制《圣寿乐》，以教坊女弟子着五色衣歌舞之。
开元十二年（724年）	二十四岁。秋，仗剑离蜀，沿岷江东下，作《峨眉山月歌》。	七月内侍杨思勖为黔中道招讨使，平定溪州蛮覃行璋，斩首三万级，遂加杨为辅国大将军。宦官为大将军自此始。
开元十三年（725年）	二十五岁。经重庆三峡出蜀。夏，与友人吴指南畅游荆楚，后者遽	

（续表）

年代	生平大事	当时史实
	逝于洞庭湖畔，当即"如丧天伦"，泣而出血。岁末，在江陵遇司马承祯。后者夸其有"仙风道骨，可与神游八极之表"，遂作《大鹏遇希有鸟赋》以自广。	四月改集仙殿为集贤殿。十月水运浑天仪成。十一月封泰山，以牧马数万匹从，望之如云锦。玄宗初即位时，全国有牧马二十四万匹；是时已达四十三万匹。是岁，东都斗米十五钱，青、齐五钱，粟三钱。
开元十四年（726年）	二十六岁。春，从金陵往扬州，作《夜下征虏亭》。稍后，前往越中，又东南游苏州、杭州、越州，作《苏台览古》《乌栖曲》《越中览古》《广陵赠别》等。到台州东涉大海，秋末返扬州。不逾一年即散金三十余万，以接济落魄公子。	五月，户部奏今岁天下户七百六万九千五百六十五，口四千一百四十一万九千七百一十二。
开元十五年（727年）	二十七岁。自扬州溯江入楚观云梦，居安州安陆，与故相许圉师孙女成婚，入赘。秋，游襄阳，结识孟浩然。写《代寿山答孟少府移文书》，表达出将入相抱负："申管晏之谈，谋	七月，苏颋卒，年五十八岁。十二月，制以吐蕃为患，令西北各军团十一二万人集中布防夹击。徐坚等纂《初学记》成。

（续表）

年代	生平大事	当时史实
	帝王之术，奋其智能，愿为辅弼，使寰区大定，海县清一。"	
开元十六年（728 年）	二十八岁。居安陆。春游江夏，有《早春于江夏送蔡十还家云梦序》。旋溯江至洞庭湖畔迁故友吴指南于鄂城（武昌）东郊。三月于黄鹤楼送孟浩然赴广陵（扬州），作《黄鹤楼送孟浩然之广陵》诗。长女平阳（又取小名"明月奴"）或生于此年。	吐蕃屡次入侵，正月、七月、八月屡破之。八月施行《开元大衍历》。是岁，令户籍分九等，三岁一定。
开元十七年（729 年）	二十九岁。居安陆而北游汝州（今河南临汝）等地。因醉酒冲撞安州李长史乘驾，作《上安州李长史书》，并附以三首"辞旨狂野"的诗。	三月朔方节度使信安王李祎破吐蕃，拔石堡城，拓地千里。八月以民间多盗铸钱，禁止私卖铜铅锡及以铜为器。采铜铅锡者，官家收买之。八月，玄宗以生日宴百官于长安花萼楼下。百官表请以每岁八月五日皇上生日为千秋节，举国同乐。后改千秋节为天长节。是年春，崔颢题诗武昌黄鹤楼（即七律《黄鹤楼》）。

年代	生平大事	当时史实
开元十八年（730年）	三十岁。作《上安州裴长史书》，展示自己家世、生平，自美其轻财好施、存交重义、养高忘机、天才英丽等特质。春夏之交经南阳赴长安。秋，居终南山楼观内玉真公主别馆，受到张说子张垍冷遇，写《玉真公主别馆苦雨赠卫尉张卿二首》以暗讽，令后者怀恨在心。又游岐州、坊州、邠州等地。	十月吐蕃求和，许之。释智深撰《开元释教录》。十二月，左丞相张说卒，年六十四岁。是岁，天下奏死罪仅二十四人。
开元十九年（731年）	三十一岁。春去长安，在北门与一群恶少斗殴，复居终南山。夏离长安，由黄河东下，寄居梁园（今开封附近）。作《行路难三首》，中有"大道如青天，我独不得出"与"长风破浪会有时，直挂云帆济沧海"句。宦官势力日盛，高力士尤受宠信，四方表奏皆先送力士，权倾朝野。	二月，吐蕃称出嫁的金城公主求《毛诗》《春秋》《礼记》等经籍，与之。三月，令两京及诸州各置太公庙，祠吕尚，以张良、田穰苴、孙武、吴起、乐毅、白起、韩信、诸葛亮、李靖、李勣为"十哲"，配享。九月，吐蕃求于赤岭互市，许之。
开元二十年（732年）	三十二岁。春在洛阳，有诗《送梁公昌从信安王北征》。秋返安陆。其间结识元演、崔成甫和崔宗之。冬，与元演同游随州仙城山，谒道士胡紫阳。	正月以信安王李祎为河东、河北两道行军副大总管，击奚、契丹。三月，大破之。是岁天下户七百八十六万一千二百三十六，口四千五百四十三万一千二百六十五。

（续表）

年代	生平大事	当时史实
开元二十一年 （733年）	三十三岁。闲处安陆。应友人之邀往访随州、襄阳、洛阳及嵩山。作《春夜宴从弟桃花园序》，大谈天地之大、自然之美、人生之怡。	正月，玄宗自注《道德经》，令天下士庶家藏一本，每岁贡举加试《老子策》。二月，金城公主请立碑于赤岭（今青海湟源西日月山），以分唐与吐蕃之境，允之。十月，左丞相宋璟致仕。十二月，中书侍郎张九龄同平章事。
开元二十二年 （734年）	三十四岁。春游襄阳，拜谒韩朝宗，作《与韩荆州书》。《襄阳歌》或作于此时。冬由江夏返安陆。	五月，张九龄为中书令，李林甫同平章事。禁止买卖世业、口分田。六月，幽州节度使张守珪大破契丹。八月，以方士张果为银青光禄大夫，玄宗由是颇信神仙。
开元二十三年 （735年）	三十五岁。五月应元演邀北赴太原，游晋祠。自此在太原等地盘桓一年多。	正月，玄宗在东都藉田，大赦天下，都城大宴三日。下令三百里内刺史、县令以乐进，比较胜负。十二月册杨玉环为寿王妃。
开元二十四年 （736年）	三十六岁。春在太原一带。秋返洛阳。再至嵩山，住元丹丘颍阳山居，与元丹丘、岑勋等相聚甚欢。	四月张守珪遣平卢讨击使安禄山讨奚、契丹。安禄山遭大败，被执送京师；玄宗赦免之。张九龄力谏，不听。十一月张九龄罢为右丞相，并罢政事，以李林甫兼中书令。林甫由此阻塞言路，败坏政事。

年代	生平大事	当时史实
开元二十五年（737年）	三十七岁。居安陆。子伯禽或生于此年。	四月张九龄贬荆州长史。九月，颁行《律令格式》。十一月宋璟卒。
开元二十六年（738年）	三十八岁。春夏间活动于南阳、颍阳、陈州、宋城（均在今河南）一带。秋访下邳（今江苏睢宁北），觅张良遗迹。至冬活动于楚州（今江苏淮安）。	正月，制令州、县、里皆置学。三月杜希望攻拔吐蕃新城，以其地为威戎军。六月张守珪大破契丹。立忠王李亨为太子。贺知章为太子宾客。是岁，于两京间道路造行宫千余间。润州刺史齐澣开伊娄河。
开元二十七年（739年）	三十九岁。夏秋间漫游吴地，西至牛渚（今安徽马鞍山采石矶）一带。秋在巴陵（今湖南岳阳）与王昌龄相遇。（王有《巴陵别李十二》诗，时王谪贬岭南。）冬返安陆。有诗《赠孟浩然》等。	八月追谥孔子为文宣王，使孔子南向坐，与周公旦平列。先是周公南向，孔子东向坐。盖嘉运大破突骑施于碎叶城，擒可汗吐火仙。
开元二十八年（740年）	四十岁。五月，携子女迁家东鲁，居沙丘（在今山东兖州）或任城（今山东济宁）。许夫人或于此前过世。有《五月东鲁行答汶上翁》诗。向裴旻学剑术。时与孔巢父、韩准、裴政、张叔明、陶沔共隐于徂徕山东南徂徕	二月，张九龄卒。十月，以寿王妃杨玉环为道士，号太真，时年二十二岁。十二月，金城公主薨。吐蕃来告丧，且请和，不许。西突厥灭亡。孟浩然卒。是岁，天下县千五百七十三，户八百四十一万二千八百七十一，口四千

（续表）

年代	生平大事	当时史实
	山，酣歌纵酒，时号"竹溪六逸"。	八百一十四万三千六百九。两京米斛直钱不满两百，绢匹亦如之。海内富安，行者虽万里不持寸兵。
开元二十九年（741 年）	四十一岁。居东鲁，时往嵩山。用世之心愈切。	正月，诏两京诸州各置玄元皇帝庙，崇祀老子，以老、庄、文、列为"四子"。习成，准明经考试，谓之"道举"。八月以安禄山为营州都督，充平卢军节度使，两蕃、渤海、黑水四府经略使。十月吐蕃陷石堡城（在今青海西宁西南）。十一月，杨玉环卸道袍入兴庆宫，宫中呼为"娘子"，礼数实同皇后。
天宝元年（742 年）	四十二岁。四月，游泰山，有《游太山六首》。后南去会稽（今浙江绍兴），结识道士吴筠，在剡中（今浙江嵊州）度夏。秋，自南陵（今山东曲阜南陵城村）奉诏入长安，有《南陵别儿童入京》诗。至京师，玄宗召见于含元殿，极尽礼遇，命供奉翰林。在紫极宫会见秘书监贺	正月得"灵宝"于尹喜故宅（在陕西灵宝县），因改元"天宝"。下诏求贤："前资官及白身人有儒学博通、文辞英秀及军谋武艺者，所在具以名荐京"。二月封庄子、列子、文子、庚桑子均为"真人"，所著称为"真经"。改侍中为左相，中书令为右相。八月李适之为左相。九月两京玄元庙改

（续表）

年代	生平大事	当时史实
	知章。后者夸其诗"可以哭鬼神矣"！又呼之为"谪仙人"。	为"太上玄元皇帝宫"。十月造长生殿。
天宝二年（743 年）	四十三岁，在长安供奉翰林，屡从玄宗游兴庆宫（今西安兴庆宫公园一带）、白莲池、沉香亭、终南山等地。奉诏作《宫中行乐词八首》、《清平调词三首》。又有《金门答苏秀才》等诗。其间曾奉诏草《和蕃书》《出师诏》等重要文书。秋，遭谗见疏，生归隐之意。是年有《玉壶吟》《翰林读书言怀呈集贤诸学士》等诗作。	正月安禄山入朝。李林甫领吏部尚书。三月江淮租庸转运使韦坚引浐水作广运潭功成。是岁，徙安东都护府于辽西故城。
天宝三载（744 年）	四十四岁。春在长安。有诗送贺知章还乡。天宝元年秋至此，与贺知章、李琎、李适之、崔宗之、苏晋、张旭、焦遂等结成"饮中八仙"。尔后杜甫以之为题作诗，称白"天子呼来不上船，自称臣是酒中仙"。三月，为张垍等谗毁，赐金放还。由京经商州东下。孟夏与杜甫相遇于洛阳。去	正月改年曰载。贺知章请度为道士还乡，准之。贺返乡（越州永兴，即今浙江杭州萧山区）时，已届八十六岁。时作《回乡偶书二首》。当年寿终。

年代	生平大事	当时史实
	陈留访采访使李彦允，托请北海高如贵道士给授《道箓》。至汴州梁园与故宰相宗楚客孙女结婚，入赘。又与高适相遇。李、杜、高三人同游梁宋之地（在今河南开封、商丘之间）。至齐州，从高如贵受《道箓》于紫极宫。	
天宝四载（745年）	四十五岁。在东鲁寓兖州沙丘（衮州东门外二里）。	八月，正式册杨玉环为贵妃。贵妃兄姊等亲属，皆赐第京师，宠贵赫然。十月以王铁为御史中丞、京畿采访使。改两京波斯寺为大秦寺（天主教堂）。
天宝五载（746年）	四十六岁。在东鲁。秋，做东道在兖州与杜甫相聚甚欢。（是年杜甫游齐鲁）送别友人后，即作《沙丘城下寄杜甫》诗，中有"思君若汶水，浩荡寄南征"句。旋赴扬州，在此度岁。	正月，左相李适之罢。李林甫专权。以王忠嗣为河西、陇右节度使，兼知朔方、河东节度，与吐蕃战于青海、积石，皆大捷。讨吐谷浑，虏其败军而还。
天宝六载（747年）	四十七岁。春游扬州、金陵。五月在当涂，久居横望山。秋游会稽，专程赴贺知章故宅凭	正月李林甫遣人杖杀李邕、裴敦复。李适之忧惧，仰药自杀。诏求天下通一艺者诣京师应试，

（续表）

年代	生平大事	当时史实
	吊，作《对酒忆贺监二首并序》。其一云："四明有狂客，风流贺季真。长安一相见，呼我谪仙人。……"岁末返金陵。此后寓居金陵二年。有诗《战城南》等，中有"乃知兵者是凶器，圣人不得已而用之"句。	李林甫阻之，无一人及第。林甫上表称贺"野无遗贤"。八月以高仙芝为安西四镇节度副使，讨小勃律，虏其王归。九月安禄山筑雄武城（今河北蓟县东北）。十月玄宗赴骊山温泉，改名为华清宫。令王忠嗣攻吐蕃石堡城，不从。十一月王忠嗣奏安禄山必反，被贬为汉阳太守。以突厥族突骑施哥舒部首长之子哥舒翰为陇右节度使。
天宝七载（748 年）	四十八岁。居金陵。与崔成甫等造访石头城、秦淮河、凤凰台、雨花台等名胜。还远足扬州、霍山（今安徽六安县南）、庐江（今安徽庐江县）。	四月加高力士为骠骑大将军。六月，赠安禄山铁券。十一月，玄宗在华清宫，封杨贵妃三个姊妹同为国夫人；以杨钊（国忠旧名）判度支。十二月哥舒翰筑神威军于青海上，又筑城于青海中龙驹岛以御吐蕃。
天宝八载（749 年）	四十九岁。居金陵。有《寄东鲁二稚子》《送萧三十一之鲁中兼问稚子伯禽》《闻王昌龄左迁龙标遥有此寄》等诗。	六月，哥舒翰拔石堡城，擒吐蕃四百人，唐兵死者数万。闰六月，以石堡城为神武军。哥舒翰加摄御史大夫。王忠嗣卒。

（续表）

年代	生平大事	当时史实
天宝九载（750 年）	五十岁。五月从金陵至寻阳。秋在庐山，冬返东鲁。有《答王十二寒夜独酌有怀》诗，中有"君不能学哥舒，横行青海夜带刀，西屠石堡取紫袍"句，显见其反战之意。	五月封安禄山爵为东平郡王，将帅封王自此始。七月置广文馆于国子监，以教诸生习进士者。八月安禄山兼河北道采访处置使。十月，安禄山入朝，杨国忠兄弟姊妹往迎于戏水。十二月，杨国忠荐蜀郡土豪鲜于仲通为剑南节度使。
天宝十载（751 年）	五十一岁。春返东鲁视家。秋至南阳访元丹丘。旋赴梁园，再北游塞垣。有《羽檄如流星》诗（《古风》五十九首之三十四）刺鲜于仲通与杨国忠用兵云南，造成天怒人怨。又有《幽州胡马客歌》刺安禄山。	正月朝献太清宫，朝享太庙，合祭天地于南郊。以安禄山兼河东节度使。四月剑南节度使鲜于仲通讨南诏，遭大败。高仙芝击大食国，深入七百余里，在恒罗斯亦遭大败，死亡殆尽。八月安禄山讨契丹也大败，仅以二十骑逃归。十一月以杨国忠领剑南节度使。
天宝十一载（752 年）	五十二岁。春游广平、邯郸等地。北游蓟门。秋抵幽州，目击安禄山厉兵秣马，磨刀霍霍，十分忧虑。在易县黄金台上怀燕昭王而痛哭。十一二月作《北风行》，中有"燕山雪花大如席"句。	三月安禄山发蕃汉步骑二十万击契丹。秋哥舒翰入朝，幕僚高适同行。十一月右相李林甫卒，以杨国忠为右相兼文部尚书。十二月，以平卢兵马使史思明兼北平太守，充卢龙军节度使。

（续表）

年代	生平大事	当时史实
天宝十二载（753年）	五十三岁。从幽州归来，经洛阳返梁宋。继由梁园南下，秋至宣城。有《远别离》《宣州谢朓楼饯别校书叔云》等诗。后者有"蓬莱文章建安骨，中间小谢又清发。俱怀逸兴壮思飞，欲上青天览明月。抽刀断水水更流，举杯销愁愁更愁"诸多名句。	正月，由杨国忠举荐的京兆尹鲜于仲通暗示选人请为杨国忠刻颂，立于省门。八月，安禄山与杨国忠有隙，后者厚结哥舒翰以为己援，奏以翰兼河西节度使，赐爵西平郡王。殷璠选《河岳英灵集》（起于开元二年，止于本年），收李白、常建等二十四人诗二百三十四首，每人各有评语，但未选杜甫诗。
天宝十三载（754年）	五十四岁。游广陵。魏万（后改名为颢）自王屋山来访，遍历越中，追赶三千里，终在此相遇。与魏万同赴金陵，泛舟于秦淮河。在金陵以诗文稿托魏万，旋集为《李翰林集》。魏万在序中历数李白天才英丽，具仙风侠骨，谓"横海鲲，负天鹏，岂池笼荣之"！颇解白心意。白为之歌长诗《送王屋山人魏万还王屋》。与魏万别后，往来于宣城、秋浦（今安徽贵池）等地。在秋浦作《秋浦歌》十七首，其十四歌颂冶矿工人。	正月安禄山入朝，加左仆射，兼领闲厩、群牧使。二月加杨国忠为司空。八月以韦见素为武部尚书、同平章事。秋，雨积六十余日，关中大饥。是年户部奏天下郡三百二十一，县千五百三十八，乡万六千八百二十九，户九百六万九千一百五十四，口五千二百八十八万四百八十八。有唐户口之盛，极于此。

（续表）

年代	生平大事	当时史实
天宝十四载（755 年）	五十五岁。在宣城郡，旋赴寻阳。此时夫人宗氏在梁园，有书寄白，望其北归。白一口气写出《秋浦寄内》《自代内赠》《秋浦感主人归燕寄内》诸诗回寄。伉俪情深，可见一斑。秋，从秋浦往泾县（今属安徽）桃花潭，乡人汪伦酿美酒款待。临走，汪伦又率乡亲赶来送行。李白遂作赠伦诗，中有"桃花潭水深千尺，不及汪伦送我情"句，情挚意切，感人颇深。不久返梁园。随后即遇安禄山反叛，携宗夫人仓皇西顾，入函谷关而上华山。只是子女伯禽、平阳尚遗在东鲁，未遑顾及。	二月许安禄山以蕃将三十二人代汉将。六月，玄宗以禄山子庆宗尚宗女荣义郡主，手诏禄山赴京观婚礼，后者称疾不至。十一月安禄山以十五万众，号二十万，反于范阳，南下，陷河北诸郡，十二月，陷东都洛阳。高仙芝退保潼关，河南诸郡多沦陷。平原太守颜真卿、常山太守颜杲卿起兵讨贼，河北诸郡皆响应。高适拜左拾遗，转监察御史。
天宝十五载肃宗至德元载（756 年）	五十六岁。年初在华山，有《西上莲花山》诗（《古风》五十九首之十七）。莲花山当指西岳华山。其中"俯视洛阳川，茫茫走胡兵，流血涂草野，豺狼尽冠缨"句，应系于洛阳陷后，长安尚未丢	正月安禄山在洛阳，自称大燕皇帝。叛将史思明陷常山，颜杲卿就义。二月李光弼入常山，大破史思明。真源（河南鹿县）令张巡起兵雍州（杞县）讨贼。采访使颜真卿击魏郡，光复之。五月郭子仪、

年代	生平大事	当时史实
	失之前。旋委托门人武谔赴东鲁转移伯禽、平阳，作《赠武十七谔》诗纪事。后由华山南奔宣城，再往越中，秋隐庐山屏风叠。冬，永王璘遣幕下谋士、李白好友韦子春三次上庐山聘请。年底白随其下山，入永王幕。临行，白有《别内赴征三首》。其第二首云："出门妻子强牵衣，问我西行几日归？来时傥佩黄金印，莫见苏秦不下机。"调侃之中，可见李白报国之心拳拳。	李光弼大破史思明于嘉山（河北曲阳县东），收复河北十余郡。六月九日安禄山率部破潼关，哥舒翰被擒，投降。十二日拂晓玄宗奔蜀，十四日至马嵬驿（陕西兴平县西二十五里），兵变，杀杨国忠，玄宗被迫缢杀杨贵妃。长安沦陷。七月十二日，太子李亨即帝位于灵武，是为肃宗，改元至德，尊玄宗为太上皇。七月十五日，玄宗在南逃途中不知李亨即位而下分置制诏，以亨充天下兵马元帅，负责恢复黄河流域，永王璘充山南东道等四道节度都使，经营长江流域……八月十八日，玄宗在成都派韦见素等将传国宝玉册等送交李亨，正式禅位。十一月郭子仪率回纥等众与安禄山战于河上，败之。永王璘引水师东下，剑指金陵。肃宗以高适为淮南节度使，与来瑱、韦陟等拟会师讨永王。

年代	生平大事	当时史实
至德二载（757 年）	五十七岁。正月作《永王东巡歌十一首》。二月永王兵败，白被捕入寻阳监狱。宗氏夫人奔走营救。宣慰大使崔涣、御史中丞宋若思为之昭雪。若思从狱中释白，并使参谋军事，赴河南平叛。白写《为宋中丞自荐表》《为宋中丞请都金陵表》，申明冤屈，求朝廷录用，不报。十一月卧病宿松山（在今安徽宿松），有《赠张相镐二首》。旋被定罪长流夜郎。年底在宗夫人及妻弟宗璟陪同下到达寻阳渡口。	正月安庆绪杀其父安禄山。二月史思明等围攻太原，李光弼数败之。永王败于丹阳，逃到岭南被杀。九月天下兵马副元帅郭子仪率军收复西京。十月广平王李俶收复东京，安庆绪奔河北。肃宗自凤翔还长安。十一月张镐、李嗣业收复河南诸郡。十二月玄宗由成都还长安。加郭子仪司徒，李光弼司空，功臣皆进爵。史思明、高秀岩降。
乾元元年（758 年）	五十八岁。年初在宗夫人、宗璟陪同下自寻阳溯江而上，接受友人或地方官吏宴请。在江夏淹留时，有诗答张镐，即《张相公出镇荆州，寻除太子詹事，余时流夜郎，行至江夏，与张公相去千里，公因太府丞王昔使车寄罗衣二事及五月五日赠余诗，余答以此诗》。八月遇尚书郎张谓于沔州（今湖北武汉汉阳一带），亦同泛舟城南郎官湖。后溯江至洞庭湖。	二月改至德三载为乾元元年。五月张镐罢相。六月，史思明复反。七月郭子仪入朝。高适出为彭州（今四川彭州）刺史。八月以郭子仪为中书令，李光弼为侍中。卜月，郭子仪、李光弼等九节度使夺回卫州（治今河南汲县），安庆绪败走邺城，围困之。册立皇太子俶，更名豫。十一月王思礼败安庆绪于相州。十二月史思明陷魏州。

（续表）

年代	生平大事	当时史实
乾元二年（759 年）	五十九岁。三月长流夜郎途中，至巫州（治今重庆奉节东）遇赦。即返舟回江陵，作《早发白帝城》。抵江夏游李邕故宅修静寺。向南又游岳阳，适贾至贬岳州司马，同泛舟洞庭，诗酒唱和。游零陵，与少年僧人怀素相遇，有《草书歌行》诗，褒其书法。秋，作《经乱离后天恩流夜郎忆旧游书怀赠江夏韦太守良宰》长诗，叙生平大略，内有"中夜四五叹，常为大国忧"句，不坠青云之志。	正月史思明筑坛魏州城北，自称大圣燕王。三月九节度使六十万大军因大旱饥馑，溃于相州（治今河南安阳）。史思明杀安庆绪，引兵还范阳。郭子仪断河阳桥，以保东都。六月裴冕为成都尹，充剑南节度使。七月召郭子仪还京师，以李光弼代为朔方节度使、兵马元帅。九月李光弼移军河阳，史思明复陷东京。十月史思明攻河阳，李光弼大败之。
上元元年（760 年）	六十岁。春由零陵折返岳阳。旋赴江夏，有《鹦鹉洲》诗。秋，复往寻阳，重游庐山，作《庐山谣寄卢侍御虚舟》。秋冬之交寓居豫章（治今江西南昌）。时宗夫人居此。有《豫章行》等诗。	正月以李光弼为太尉兼中书令。党项等羌起兵，将逼京畿，以郭子仪领邠宁、鄜坊节度使以镇之。三月李若幽代裴冕为成都尹。闰四月，改乾元三年为上元元年。六月田神功败史思明于郑州。七月李辅国迁玄宗于西内，高力士配流巫州。九月改彭州刺史高适为蜀州刺史。年底，杜甫从同谷（今甘肃成县）入蜀。岁荒，斗米千钱。

年代	生平大事	当时史实
上元二年（761 年）	六十一岁。暮春，送宗夫人去庐山问道于女道士李腾空，旋往金陵，作《登金陵凤凰台》。论者以为这是与早前崔颢《黄鹤楼》诗较劲。元人方回《瀛奎律髓》称二诗："格律气势，未易甲乙。"后往来于宣城、历阳二郡间。闻李光弼东镇临淮，白抱病欲上沙场，中途因病笃折返金陵。有《闻李太尉大举秦兵百万出征东南，懦夫请缨，冀申一割之用，半道病还，留别金陵崔侍御》诗记其事。岁末赴当涂，依族叔、县令李阳冰家养病。	二月李光弼与叛军战于北邙山（洛阳之北），遭大败，怀州、河阳俱陷。三月史朝义杀其父史思明，遂即位。四月梓州刺史段子璋反，陷绵州，自称梁王。五月李光弼进位太尉，兼侍中，充河南副元帅，都统河南、淮南东西、山南东道等八道行营节度使，镇临淮。五月西川节度使崔光远与东川节度使李奂共攻绵州，斩段子璋。八月加李辅国兵部尚书。九月江淮大饥。十二月合剑南东西川为一道，以严武为成都尹兼御史大夫镇蜀。是年杜甫在成都写诗怀念李白，题为《不见》。中有"不见李生久，佯狂真可哀！世人皆欲杀，吾意独怜才"句。相知相重之情，令人歔歔。王维卒，年六十一。
代宗宝应元年（762 年）	六十二岁。春在当涂养病，自称"楚国一老人"，"江外老华发"。暮春往横望山，与吴筠道士告别，有《下途归石门旧居》以纪事。	三月郭子仪进爵汾阳王。四月玄宗、肃宗父子相继去世。太子李豫即位，是为代宗，尊李辅国"尚父"。改元宝应。高力士遇赦还，闻玄

年代	生平大事	当时史实
	秋归当涂，病益重，于重阳前后写《九日龙山饮》《九月十日即事》诗。十一月卒于当涂，死前以诗稿付李阳冰，嘱为编次。去世前写《临终歌》。诗曰："大鹏飞兮振八裔，中天摧兮力不济，余风激兮万世，游扶桑兮挂左袂。后人得之传此，仲尼亡兮谁为出涕？"至死还抱大鹏之志，雄心不已，令人叹惋。	宗崩，呕血而卒。六月罢李辅国实权，进爵博陆王，旋派人暗杀之。召还严武，监修二帝山陵。以高适为成都尹。七月，剑南兵马使徐知道反，以兵扼剑阁，严武莫能出。八月知道被高适败，为羌将杀。十月以雍王李适为天下兵马元帅，会诸道节度及回纥兵于陕州，进讨史朝义，大破之，斩首八万。朝义遁。收复东京、河阳。下年正月，史朝义自杀。历时七年多的"安史之乱"终告结束。

附录二：

本书参考文献

1. 詹锳主编《李白全集校注汇释集评》，百花文艺出版社 1996 年版。

2. 瞿蜕园、朱金城：《李白集校注》，上海古籍出版社 1980 年版。

3. 清·彭定求等编《全唐诗》（增订本），中华书局 1999 年版。

4. 后晋·刘昫等：《旧唐书》，中华书局 1975 年版。

5. 宋·欧阳修、宋祁等：《新唐书》，中华书局 1975 年版。

6. 元·辛文房等著，李立朴译注《唐才子传全译》，贵州人民出版社 1995 年版。

7. 宋·司马光编著，元·胡三省音注《资治通鉴》，中华书局 1956 年版。

8. 唐·李林甫等撰，陈仲夫点校《唐六典》，中华书局 1992 年版。

9. 唐·赵蕤编著，李孝国等注译《长短经》，中国书店 2013 年版。

10. 清·沈德潜编《唐诗别裁集》，中华书局 1975 年版。

11. 四川省文史研究馆编《杜甫年谱》，四川人民出版社 1981 年版。

12. 唐·姚汝能：《安禄山事迹》，上海古籍出版社 1983 年版。

13. 五代·王定保著，姜汉椿校注《唐摭言校注》，上海社会科学院出版社 2003 年版。

14. 五代·王仁裕等著，丁如明辑校《开元天宝遗事十种》，上海古籍出版社 1985 年版。

15. 金涛声、朱文采编《李白资料汇编（唐宋之部）》，中华书局 2007 年版。

16. 宋·计有功原著，王仲镛校笺《唐诗纪事校笺》，巴蜀书社 1989 年版。

17. 清·何文焕辑《历代诗话》，中华书局 1981 年版。

18. 丁福保辑《历代诗话续编》，中华书局 1983 年版。

19. 冯达甫：《老子译注》，上海古籍出版社 1991 年版。

20. 刘建国、顾宝田：《庄子译注》，吉林文史出版社 1993 年版。

21. 明·胡震亨：《唐音癸签》，上海古籍出版社 1981 年版。

22. 唐·段成式著，方南生点校《酉阳杂俎》，中华书局 1981 年版。

23. 唐·杜佑著，王文锦等点校《通典》，中华书局 1988 年版。

24. 宋·佚名著，顾逸点校《宣和书谱》，上海书画出版社

1984 年版。

25. 唐·刘𫗧：《隋唐嘉话》，中华书局 1979 年版。

26. 唐·李肇：《唐国史补》，上海古籍出版社 1971 年版。

27. 郭沫若：《李白与杜甫》，人民文学出版社 1971 年版。

28. 周勋初：《李白评传》，南京大学出版社 2005 年版。

29. 李长之：《李白传》，东方出版社 2010 年版。

30. 安旗：《李白纵横探》，陕西人民出版社 1981 年版。

31. 林庚：《诗人李白》，清华大学出版社 2011 年版。

32. 檀作文：《大唐第一古惑仔李白实录》，当代中国出版社 2007 年版。

33. 余秋雨：《中国文脉》，长江文艺出版社 2012 年版。

34. 杨义：《李杜诗学》，北京出版社 2001 年版。

35. 杨义：《文学地理学会通》，中国社会科学出版社 2013 年版。

36. 王佺：《唐代干谒与文学》，中华书局 2011 年版。

37. 葛晓音：《诗国高潮与盛唐文化》，北京大学出版社 1998 年版。

38. 闻一多：《古诗神韵》，中国青年出版社 2008 年版。

39. 傅璇琮：《唐翰林学士传论》，辽海出版社 2011 年版。

40. 李斌城主编《唐代文化》，中国社会科学出版社 2002 年版。

41. 李泽厚：《美学三书》，安徽文艺出版社 1999 年版。

42. 宗白华：《美学散步》，上海人民出版社 1981 年版。

43. 陈炎主编《中国审美文化史·唐宋元明清卷》，山东画报出版社 2007 年版。

44. 葛兆光：《七世纪至十九世纪中国的知识、思想与信仰》，复旦大学出版社2000年版。

45. 胡适：《白话中国文学史》，百花文艺出版社2002年版。

46. 王运熙等：《李白精讲》，复旦大学出版社2008年版。

47. 萧涤非等：《唐诗鉴赏辞典》，上海辞书出版社2004年版。

48. 李秋弟：《诗仙游踪》，清华大学出版社2011年版。

49. 尚秉和：《历代社会风俗事物考》，江苏古籍出版社2002年版。

50. 范文澜：《中国通史简编》修订本第三编，人民出版社1965年版。

图书在版编目（CIP）数据

李白：梦里游客竟未归/屈小强著．—济南：
济南出版社，2014.5（2023.5重印）
（文化中国/乔力，丁少伦主编．永恒的话题．第4辑）
ISBN 978－7－5488－1281－4

Ⅰ．①李…　Ⅱ．①屈…　Ⅲ．①李白（701～762）—人物研究
Ⅳ．①K825.6

中国版本图书馆 CIP 数据核字（2014）第 092043 号

整体策划　丁少伦
责任编辑　胡瑞成
装帧设计　侯文英

出版发行　济南出版社
地　　址　济南市二环南路 1 号（250002）
发行热线　0531－86131731　86131730　86116641
编辑热线　0531－86131721　86131722
网　　址　www.jnpub.com
经　　销　新华书店
印　　刷　肥城新华印刷有限公司
版　　次　2014 年 6 月第 1 版
印　　次　2023 年 5 月第 2 次印刷
规　　格　150 毫米×230 毫米　1/16
印　　张　16
字　　数　172 千字
定　　价　59.80 元

（济南版图书，如有印装错误，请与出版社联系调换。**联系电话:**0531－86131736）
法律维权　0531－82600329